Über die Autorin

Veronika Leeb, Jahrgang 1973, studierte nach ihrer Matura Medizin an der Universität Wien und der Karl-Franzens-Universität Graz, wechselte jedoch nach dem 1. Studienabschnitt zum Diplomstudium „Musik- und Bewegungspädagogik/Rhythmik" an der Universität für Musik und darstellende Kunst Wien, welches sie 1999 mit Auszeichnung abschloss. Es folgte die Ausbildung zur Breema®-Praktikerin und zur Bewegungspädagogin der Franklin-Methode®. Nach den Geburten ihrer beiden Töchter erlangte sie 2012 das Breema-Instructor-Zertifikat im Breema Center in Oakland, Kalifornien, und absolvierte 2016 das Masterstudium Musik- und Bewegungspädagogik an der Universität für Musik und darstellende Kunst Wien.
Durch ihre Tätigkeit als Breema-Lehrerin kam sie mit dem Bildungsentwurf und der Philosophie Gurdjieffs in Kontakt.
Veronika Leeb unterrichtet Breema in Österreich und den U.S.A. und arbeitet als RhythmikMB-Pädagogin und Praktikerin für inklusive Körper- und Bewusstseinsarbeit in freier Praxis in Wien.
www.koerperdasein.at

Reihe Musik und Bewegung / Rhythmik
der Studienrichtung Musik- und Bewegungspädagogik / Rhythmik
Institut MBM / Universität für Musik und darstellende Kunst Wien

Veronika Leeb

Bewusstheit durch Wahrnehmung

Vereinbarkeit, Aktualität und Praxisrelevanz der Körper- und Bewusstseinsbildung bei George I. Gurdjieff und Rudolf Konrad

Rediroma-Verlag

Bibliografische Information der Deutschen Nationalbibliothek

Die Deutsche Nationalbibliothek verzeichnet diese Publikation in der Deutschen Nationalbibliografie; detaillierte bibliografische Daten sind im Internet über http://dnb.ddb.de abrufbar.

ISBN 978-3-96103-352-2

Umschlaggestaltung: Tom Thörmer, creativwerk

Erstveröffentlichung als wissenschaftliche Masterarbeit (Wien 2016) innerhalb des Masterstudiums Musik- und Bewegungspädagogik / Rhythmik Universität für Musik und darstellende Kunst Wien

www.rediroma-verlag.de
10,95 Euro

Inhaltsverzeichnis

Which is real: what I am conscious of, or consciousness itself?
Deep down in my being *I am* already what I seek. This is the impetus of my whole search. When consciousness is here, I realize that consciousness *is* me. I and all that surrounds me are the same consciousness.

To be conscious of self is to be conscious of the impression that is received. In the moment of this consciousness, that which sees and that which is seen blend into a single entity.
The whole being is changed.

– Jeanne de Salzmann, The Reality of Being

1 Jeanne de Salzmann als Angelpunkt – Mein persönlicher Weg zur Thematik dieses Buches

Tiflis, Staatsoperntheater, 22. Juni 1919: Jeanne de Salzmann inszeniert einen Klassenabend ihrer Schule für Rhythmische Gymnastik nach Jaques-Dalcroze. Dieser Abend ist ein besonderer: Während in der ersten Hälfte rhythmisch-plastische Bewegungsstudien aufgeführt werden, zeigen die Schülerinnen in der zweiten Hälfte „heilige Tänze" von einem gewissen George I. Gurdjieff.[1]

Wenige Monate zuvor hatte Jeanne de Salzmann George I. Gurdjieff durch ihren Mann Alexandre de Salzmann kennengelernt und eingewilligt, dass dieser mit den Schülerinnen ihrer Schule für Rhythmische Gymnastik einige seiner „heiligen Tänze" einstudiert.
Aus dieser Begegnung entstand eine lebenslange Verbindung. De Salzmann wurde Gurdjieffs Assistentin, Co-Choreografin und nach dem Tod von Gurdjieffs Frau seine Lebensgefährtin. 30 Jahre später gründete De Salzmann die Gurdjieff Foundation mit weltweiten Niederlassungen ausgehend von Frankreich, England, den U.S.A. und Venezuela.
So schreibt Jean Vaysse im Vorwort seines Buches „Unterwegs zum Selbst: Begegnung mit der Lehre Gurdjieffs": „Es war das Werk Jeanne de Salzmanns, dass nicht allein dieser schriftliche, sondern vor allem auch der mündliche und praktische Teil der Gurdjieffschen Lehre, der ohne sie sicherlich untergegangen wäre, in unverfälschter Form bewahrt und überliefert wurde. Ihr verdanken wir persönlich alles, was uns erreichte."[2]

Welche Bedeutung hat Jeanne de Salzmann für dieses Buch?

Es ist erst wenige Jahre her, dass mir der Name Jeanne de Salzmann ein Begriff ist. Ohne dass es mir bewusst war, hat diese beeindruckende Pädagogin und Philosophin – im Sinne einer gelebten Philosophie –

---

[1] Vgl. Azize 2012, S. 308
[2] Vaysse 1985, S. 10

mein eigenes Leben und Denken stark beeinflusst. Jeanne de Salzmann ist der Angelpunkt meiner persönlichen „Bewusstseinsbildung“ – und auch dieses Buches. Zum besseren Verständnis möchte ich meinen Weg zu Jeanne de Salzmann und seine Wirkung auf mein Forschungsinteresse kurz beschreiben.

Unmittelbar nach Abschluss meines Rhythmik-Studiums an der Universität für Musik und darstellende Kunst Wien begann ich im Sommer 1999 mit der Ausbildung in Breema® Körperarbeit[3].
Malouchek Mooshan, der Begründer von Breema, betonte immer wieder, dass Breema mehr als Körperarbeit sei. Zu Breema gehöre eine „Philosophie“, die zum Ziel hat, das harmonische Zusammenspiel von Körper, Verstand und Gefühlen in den Alltag zu integrieren.[4] Ich praktizierte 13 Jahre lang Breema und seine einzigartige Verbindung von Präsenz und jeglicher alltäglichen Handlung, wurde im März 2012 in den U.S.A. zur Breema-Lehrerin zertifiziert, bis der Tod von Malouchek Mooshan im Juli 2012 mir den Impuls gab, nach den Wurzeln der Breema-Philosophie zu suchen. Dabei wurde mir sofort die wichtigste Quelle genannt: George I. Gurdjieff. Ich begann Literatur von und über Gurdjieff zu lesen, trat einer Gurdjieff-Gruppe bei und wurde bald von einer freudigen Erkenntnis überrascht: Das, was ich in all den Jahren geübt und vertieft hatte, war nahezu identisch mit den Ideen und Übungen Gurdjieffs. Mooshan hat die Philosophie Gurdjieffs mit der traditionellen Körperarbeit, die er aus dem Mittleren Osten in die U.S.A. gebracht hatte, verbunden und um den Bereich der wahrnehmenden Berührung und Kommunikation erweitert.

Doch noch immer nicht war der Name Jeanne de Salzmann in mein Leben getreten. Erst bei dem Workshop „Gurdjieff Movements: Dance as Vehicle“ mit James Tomarelli im November 2014 schöpfte ich Verdacht: Movements müssen etwas mit Rhythmik zu tun haben. Ich begann über die Geschichte der Movements zu recherchieren und entdeckte, dass Jeanne de Salzmann, Tänzerin, Musikerin und bei Jaques-Dalcroze aus-

---

[3] Breema ist ein geschütztes Markenzeichen des *Breema Center* in Oakland, Kalifornien.
[4] Vgl. Schreiber 2000, S. 32ff

gebildete Rhythmik-Lehrerin, maßgeblich an der Entwicklung der Movements beteiligt war.[5] Weitere Entdeckungen machten dieses Thema immer interessanter: Gurdjieff erhielt angeblich 1920 eine Einladung von Jaques-Dalcroze, sich in Hellerau niederzulassen.[6] Als er 1921 in Hellerau eintraf, unterstützte ihn Harald Dohrn dabei, Teileigentum zu erwerben. Dieses Vorhaben scheiterte im Juni 1922, Gurdjieff verlor eine Zivilklage, um Grunderwerb zu erlangen und zog weiter nach Frankreich. Weitere Jaques-Dalcroze-Schülerinnen, wie Jessmin Howarth und Rose Mary Lillard schlossen sich ihm in Hellerau und später in Paris an.[7] Dort stellte Jaques-Dalcroze Gurdjieff als Übergangslösung die Räumlichkeiten seines Instituts zur Verfügung, um das tägliche Training der „Movements" fortzusetzen.[8]

Das alles verbindende Element hielt ich schließlich erst im Frühling 2015 in meinen Händen: Jeanne de Salzmanns Buch „The Reality of Being – The Fourth Way of Gurdjieff". De Salzmann (1889–1990) hatte nie publiziert, aber sie trug immer ein kleines Büchlein bei sich, in das sie ihre persönlichen Prozesse und Erkenntnisse notierte. Der Familie und dem nächsten Freundeskreis von Jeanne de Salzmann ist es zu verdanken, dass alle ihre Aufzeichnungen gesammelt, geordnet und in Buchform gedruckt wurden. Der Inhalt dieses Buches überraschte mich noch mehr: De Salzmanns Erfahrungen, ihre Wortwahl und die Beschreibung ihrer persönlichen Integration der Lehre Gurdjieffs in ihr tägliches Leben ähneln den Erfahrungsberichten von Breema-Praktizierenden und den Lehrinhalten Mooshans, welche in vielen Büchern von Jon Schreiber[9] herausgegeben wurden, auf fast unheimliche Weise.[10]

---

[5] Vgl. Martin 2014, S. 18

[6] Vgl. Petsche 2015, S. 225

[7] Vgl. ebd., S. 226

[8] Vgl. Butkovksy-Hewitt 1978, S. 127

[9] Jon Schreiber gründete 1980 das *Breema Center* und 1981 die *Breema Clinic* in Oakland, Kalifornien, und ist seitdem Leiter der beiden Einrichtungen.

[10] Vgl. hierzu Schreiber 2010 und Salzmann 2011. Siehe auch unter „Weiterführende Literatur" im Literaturverzeichnis

Jeanne de Salzmann, Rhythmik-Lehrerin, Erhalterin und Verbreiterin einer Lehre, die auf viele bewegungspädagogische Methoden Einfluss nahm, schuf an der Seite von Gurdjieff konzentrative Bewegungsabläufe („Movements“), die durch die Schulung der gleichzeitigen Wahrnehmung von Körper-, Gefühls- und Denkprozessen dem Menschen eine Bewusstheit der „geeinten Präsenz“ erfahrbar machen.

Die erste Frage im Zuge meiner Recherchen war folglich: „Was wäre, wenn sich Gurdjieff in Hellerau niedergelassen und mit den dort weilenden Rhythmik-Lehrenden zusammengearbeitet hätte? Hätte die Rhythmik dann eine eindeutige ‚Philosophie'?“

Doch statt in nostalgischen Träumereien zu verweilen, nutzte ich mein gesammeltes Wissen und meine Erfahrungen, um den Kreis selbst zu schließen. In meinem Rhythmik-Studium setzte ich mich viel mit der Literatur eines Rhythmik-Lehrers auseinander, der sich die Mühe machte, eine Theorie der Rhythmik zu entwerfen, die philosophische Aspekte miteinbezieht: Rudolf Konrad. Seine „Somatomotorisch-ästhetische Bildung“ ist der Rahmen für einen Bewusstseinsprozess, der ebenfalls zu einer Bewusstheit führt, der „Leibbewusstheit“.[11]

Wie kann nun die Brücke zwischen der Lehre George I. Gurdjieffs und der „Somatomotorisch-ästhetischen Bildung“ Rudolf Konrads geschlagen werden? Und welcher pädagogische Wert kann in dieser Verbindung liegen?

Da sich sowohl Gurdjieff als auch Konrad auf den Bereich der Erwachsenenbildung beziehen, untersuchte ich die Relevanz dieser Verbindung in Hinblick auf die Körper- und Bewusstseinsbildung in der Erwachsenenbildung. Als Bezugsfeld dienten dabei die entsprechenden Unterrichtsinhalte im Studium „Musik- und Bewegungspädagogik/Rhythmik“ an der Universität für Musik und darstellende Kunst Wien.

---

[11] Vgl. Konrad 1995, S. 157

Die Grundausrichtung dieses Buches stützt sich demnach auf folgende Frage: Welche Aspekte der Lehre Gurdjieffs stellen eine Ergänzung zur Somatomotorisch-ästhetischen Bildung Konrads und ihrer pädagogisch-didaktischen Anwendung im Studium „Musik- und Bewegungspädagogik/Rhythmik“ in Wien im Sinne einer „Körper- und Bewusstseinsbildung“ dar?

Den Beginn bildet **Kapitel 2** mit einer Abklärung des Begriffs „Körper- und Bewusstseinsbildung“, welcher einen eingrenzenden „Filter“ zur Rezeption von Gurdjieffs und Konrads Konzepten darstellen soll.

Zum Verständnis der neurowissenschaftlichen Bezugnahmen werden in **Kapitel 3** die physiologischen Grundlagen von Gehirn, Nervensystem und Wahrnehmung kurz umrissen.

Der nächste Schritt bildet eine Analyse der Systeme Gurdjieffs und Konrads.
Kapitel 4 ist Gurdjieffs Ideen und Übungen gewidmet, in **Kapitel 5** wird Konrads „Somatomotorisch-ästhetische Bildung“ beleuchtet. Die Fragestellung lautet hier folglich: Wie zeichnen sich beide Konzepte aus und welcher Wege/Methoden bedienen sie sich, um zu einer „Bewusstheit“ zu gelangen?

Im gleichen Schritt wird die Aktualität der Theorien der beiden Autoren geprüft.
Gurdjieffs Lehrtätigkeit begann um 1912 in Moskau. Der erste dokumentierte Vortrag stammt aus dem Jahr 1914[12]. Konrads Buch „Erziehungsbereich Rhythmik“, welches unter anderem die „Somatomotorisch-ästhetische Bildung“ vorstellt, erschien 1984. Hier stellt sich die Frage, welche Aspekte dieser über 100 bzw. über 30 Jahre alten Entwürfe im 21. Jh. Gültigkeit besitzen. Bei dieser Beleuchtung zeigen sich Verbindungen zu gegenwärtigen neurowissenschaftlichen Theorien. (*Kapitel 4.3.4*, *Kapitel 5.2.3*)

[12] Vgl. Gurdjieff 1991, S. 3

Beide „Bildungssysteme“ werden schließlich in **Kapitel 6** gegenübergestellt, auf ihre Vereinbarkeit untersucht (*Kapitel 6.1*), zu gegenwärtigen neurowissenschaftlichen Ansätzen (*Kapitel 6.2.*) und zu körper- und bewusstseinsbildenden Inhalten im Studium „Musik- und Bewegungspädagogik/Rhythmik“ an der Universität für Musik und darstellende Kunst in Wien in Beziehung gesetzt (*Kapitel 6.3*).

Für eine aktuelle Positionierung ist es erforderlich, den Stellenwert der pädagogischen Ansätze Konrads im Studium „Musik- und Bewegungspädagogik/Rhythmik“ an der Universität für Musik und darstellende Kunst in Wien zu bestimmen. (*Kapitel 6.3.1*)

Als letzte Frage steht schließlich die Anwendbarkeit der Lehre Gurdjieffs im Rhythmik-Studium im Raum: Können Gurdjieffs Entwürfe eine Ergänzung zu Konrads Ansatz zu „Körper und Bewusstsein“ im Studium „Musik- und Bewegungspädagogik/Rhythmik“ in Wien im Sinne einer „Körper- und Bewusstseinsbildung“ darstellen? (*Kapitel 6.3.2*)

Kapitel 7 bildet eine abschließende Zusammenfassung der Forschungsergebnisse.

In den folgenden Texten wird bei der Nennung der Mehrzahl von Personen statt des „gender gaps“ ein Stern (*) verwendet. Mit diesem Zeichen werden neben Frauen und Männern u.a. auch Trans*- und Inter* Personen sowie Menschen unterschiedlichster Geschlechtsidentitäten benannt.[13]

---

[13] Vgl. Traunsteiner 2015, S. 12

2 Körper- und Bewusstseinsbildung: Annäherung an eine Begrifflichkeit

„Bewusstheit durch Wahrnehmung“ bildet den roten Faden dieses Buches. „Körper- und Bewusstseinsbildung“ ist der Fokus, unter dem alle Inhalte betrachtet, untersucht und diskutiert werden. Aus diesem Grund gebührt diesem Begriff besondere Aufmerksamkeit, da er Termini beinhaltet, die sehr unterschiedlich behaftet sind. Folglich wird im Vorfeld der Versuch unternommen, die Begriffsinhalte von *Körper*, *Bewusstsein* und *Bildung* abzuklären und eine einheitliche Konnotation herzustellen.

2.1 Der Bildungsbegriff

Den Bildungsbegriff zu definieren, ist ein nahezu unmögliches Unterfangen. Es handelt sich um „ein Wort, das aus unterschiedlichen Gründen zu den ungenauesten und umstrittensten der pädagogischen Fachsprache gehört“[14]. So soll Bildung sowohl die durch die Werte seines jeweiligen Kulturkreises erworbene individuelle Entfaltung, Gestaltung und „Kultiviertheit“ eines Menschen bezeichnen, als auch den Prozess der Beeinflussung, Prägung und „Kultivierung“[15], der zu diesem Zustand hinführt. Nicht das Maß des Wissens, sondern seine Verschmelzung mit dem Bewusstsein und die selbstständige Anwendung sind dabei entscheidend.

Für den deutschen Bildungsbegriff gibt es in anderen Sprachräumen kein Äquivalent.[16] Er wird einerseits als Oberbegriff für Erziehung und Unterricht, andererseits bedeutungsgleich mit Erziehung verwendet.[17] Weiters ist Bildung „stets sowohl *formal*, d.h. Geistestätigkeit oder -fähigkeit

[14] Konrad 1995, S. 145
[15] Vgl. Gessmann 2009, S. 98
[16] Vgl. Böhm 2000, S. 75
[17] Vgl. Konrad 1995, S. 145

(unabhängig vom jeweiligen Stoff), als auch *material*, d.h. auf die Bildungsinhalte gerichtet“[18].

Der Bildungsbegriff kann nur in Beziehung zu seiner historisch-systematischen Vielschichtigkeit und der dadurch bedingten inhaltlichen Dynamik erörtert werden.
Der Begriff „Bildung“ erscheint in der deutschen Sprache erstmalig im 14. Jh. beim dominikanischen Mystiker Meister Eckhart (ca. 1260–1328) und bezeichnet die Überwindung der Entfremdung von der Gottesebenbildlichkeit durch eine Verbindung mit dem „Ursprungszusammenhang“.[19] Dieser Sinngehalt bleibt bis ins 18. Jh. erhalten.

Im Zuge der Aufklärung gewinnt der Bildungsbegriff eine neue Bedeutung und wird in die pädagogische Fachsprache übernommen. Waren vor der Aufklärung die Bildungsziele noch „von Gott gegeben“, geht es nun darum, den Menschen zu bilden, damit er ein nützliches Mitglied der Gesellschaft werden kann. Im Zuge der Emanzipation des dritten Standes erlangt der gebildete Mensch eine kritische Distanz gegenüber der Heteronomie und begründet seine Autonomie in der ihm eigenen Vernunft.[20] Bildung soll zwar zur Ausfaltung der der Seele innewohnenden Kräfte führen, geschieht aber noch durch erzieherische Pläne und Idealvorstellungen, die von außen an das Individuum herangetragen werden.

Im deutschen Humanismus und Idealismus vollzieht sich schließlich eine Wende zur Subjektivität: Bildung wird zur „Selbstgestaltung des Menschen“[21]. Die Selbstbestimmung und die Ausformung der Individualität treten zunehmend in den Vordergrund. Wilhelm von Humboldt (1767–1835) beschreibt in seinem Werk „Ideen zu einem Versuch, die Grenzen der Wirksamkeit des Staats zu bestimmen“ den wahren Zweck des Men-

---

[18] Schischkoff 1978, S. 69

[19] Vgl. Fraas 2000, S. 45: „Eckhart spricht vom Überbildetwerden mit dem Bild des Sohnes in der Seele, das verborgen allerdings schon in der Seele anwesend war, nämlich im Seelenfünklein, dem innersten Punkt der Vernunft, die als Bild Gottes erschaffen ist.“

[20] Vgl. Böhm 2000, S. 76

[21] Ebd., S. 76

schen als die „höchste und proportionirlichste [sic] Bildung seiner Kräfte zu einem Ganzen. Zu dieser Bildung ist Freiheit die erste und unerlässliche Bedingung“[22]. Durch Humboldt wird Bildung zum Programm, seine Erschaffung eines mehrgliedrigen Schulsystems soll von nun an dem Individuum Bildung zugänglich machen.
In der Philosophie wird von Georg W. F. Hegel (1770–1831) der harmonistische Bildungsbegriff formuliert: Die Bildung tritt in den „Dienst am Absoluten und wird zur ‚Abarbeitung' der Subjektivität in den allgemeinen Geist hinein“[23].

Im 19. Jh. wandelt sich Bildung zunehmend zu einem Statussymbol der bürgerlichen Gesellschaft und wird zu einem sozialen Abgrenzungskriterium. Sie wird durch das Bildungsbürgertum, als „Tugend“ oder „Geist“ ideologisch vermarktet, zu einem Herrschaftsinstrument und Selektionskriterium der ständischen Klassengesellschaft.

Die Kultur- und Bildungskritik der Jahrhundertwende (Nietzsche, Marx, Schulze, Schopenhauer) sieht in der Bildung „die Gefahr einer gleichsam leeren Gelehrtheit und ihrer modernen Bewirtschaftung als ‚Wissenskapital', in der die Ausprägungen menschlicher Kultur sich verselbständigen und nicht mehr als originäre Leistungen individuellen und gesellschaftlichen Lebens gelten kann“[24].

Im 20. Jh. wird der Bildungsbegriff sehr kontrovers diskutiert. So wird er seitens der positivistischen Erziehungswissenschaft und existenzphilosophischer Strömungen aufgrund seines ideologischen oder humanistisch-idealistischen Hintergrunds abgelehnt. Die kritische Theorie der Frankfurter Schule hinterfragt den Ideologiegehalt von Bildungstheorien. Nach Theodor W. Adorno (1903–1969) wird im Kapitalismus Bildung zur „Ware“: Das Wissen wird dabei unter einem quantitativen Aspekt konsumiert und ohne Reflexion zur bloßen „Informiertheit“. Diese rein formale Aneignung von Wissensinhalten führt zur „Halbbildung“.

[22] Humboldt 1851, S. 9: http://www.deutschestextarchiv.de/humboldt_grenzen_1851/45
[23] Böhm 2000, S. 76
[24] Gessmann 2009, S. 99

Als die beiden wichtigsten, den Bildungsbegriff befürwortenden Bildungstheorien stehen sich die Theorie der formalen und der materialen Bildung gegenüber[25], welche Wolfgang Klafki ab den 1960er Jahren mit seiner Theorie der kategorialen Bildung zusammenführte. Diese richtet ihr Augenmerk auf die Wirklichkeit: Der Bildungsbegriff wird „zur Brücke zwischen Wirklichkeit und Mensch, zwischen der Objektivität der Wirklichkeit und der Subjektivität des Menschseins“[26].

Am Ende des 20. Jh. wird der Bildungsbegriff durch sozialwissenschaftliche Theorien zunehmend aufgelöst und begrifflich durch empirisch überprüfbare und politisch steuerbare Prozesse wie „Sozialisation“, „Qualifikation, „Enkulturation“ oder „Individuation“ ersetzt.[27]

Aufgrund der Vieldeutigkeit von „Bildung“ werden in dieser Untersuchung bei der Eingrenzung dieses Begriffs Konrads Erläuterungen verwendet, sodass auch in der späteren Beleuchtung seiner Somatomotorisch-ästhetischen Bildung die Definition seines Bildungsbegriffes nicht weiter erörtert werden muss.
Konrad eröffnet sein Kapitel „Somatomotorisch-ästhetische Bildung“ mit dem Satz:

> „Gelernt wird im Hinblick auf Mittel, erzogen wird im Hinblick auf ein Verhalten und gebildet wird im Hinblick auf einen Sinn. Diese Sinnfigur gilt es herauszuarbeiten. Dabei sind mit Bildung der Rahmen und mit Somatomotorik und Ästhetik die Inhalte angedeutet.“[28]

In diesem Sinne sollen bei der Annäherung an die Sinnfigur dieser Thematik mit *Bildung* der Rahmen und mit *Körper* und *Bewusstsein* die Inhalte angedeutet werden.

---

[25] Vgl. Konrad 1995, S. 251, Kapitel „Der Bildungsbegriff in der Gegenwart“
[26] Ebd., 1995, S. 253
[27] Vgl. Böhm 2000, S. 77
[28] Konrad 1995, S. 145

> „Erziehen meint stets Wertgerichtetheit, während Bildung dieser Wert ist; d.h. im Bildungsbegriff ist – philosophisch gesprochen – die Seinsfrage enthalten.“[29]

Der Bildungsbegriff bietet hier – Konrad folgend – in zweierlei Hinsicht den geeigneten Rahmen: einerseits um den Sinn von Bewusstheit anzusprechen, andererseits um die Seinsfrage zu berühren, die den „Katalysator“[30] für Bewusstheit darstellt. „Körper“ und „Bewusstsein“ stehen innerhalb dieses „Bildungsrahmens“ jedoch nicht nebeneinander, sondern stellen einen Verlauf dar, in dem die Körperbildung und die Bewusstseinsbildung miteinander korrelieren.

2.2 Bewusstsein – Bewusstheit

Laut Herkunftswörterbuch wird das Wort „bewusst“ aus dem seit dem 16. Jh. bezeugten Adjektiv abgeleitet, welches eigentlich das 2. Partizip der heute nicht mehr gebrauchten Präfixbildung *bewissen* (frühnhd.), mit der Bedeutung „sich zurechtfinden“, und *beweten* (mhd.), mit der Bedeutung „auf etwas sinnen, um etwas wissen“, ist.[31]
„Bewusstsein“ wurde im 18. Jh. zunächst philosophisch als ein „deutliches Wissen von etwas“, als „Zustand geistiger Klarheit“ oder als „Gesamtheit der psychischen Vorgänge, durch die sich der Mensch der Außenwelt und seiner selbst bewusst wird“, dann als Gegenwort zu „Ohnmacht“ auch in einem allgemeinen Kontext gebraucht.[32]
Der Begriff „Bewusstheit“ entwickelte sich im 19. Jh. als „das Geleitetsein durch das klare Bewusstsein“.[33]

Im 20. Jh. orientieren sich die Zugänge zum Phänomen Bewusstsein vor allem am *Erlebnisaspekt*. Im Philosophischen Wörterbuch vom Verlag

---

[29] Konrad 1995, S. 146

[30] Im Sinne eines Impulses, der durch seine Anwesenheit den Bewusstwerdungsprozess beeinflusst, selbst aber unverändert bleibt

[31] Vgl. Drosdowski 1989, S. 79

[32] Ebd., S. 80

[33] Vgl. ebd., S. 79f

Herder aus dem Jahre 1961 versucht der Autor sich folgendermaßen einer Definition anzunähern:

> „Bewußtsein ist die Grundweise geistigen Lebens, in der der Erlebende nicht nur die Gehalte und Gegenstände des Erlebens gegenwärtig hat, sondern damit zusammen auch sein Erleben und in diesem sich selbst besitzt. Aus dem unlöslichen Zugleich von Erlebtem, Erleben und Erlebendem ergibt sich erst die Möglichkeit der Reflexion, in der das ungegenständlich gegenwärtige Erleben und der Erlebende selbst ausdrücklich in den Blick genommen werden, sowie des Gedächtnisses als des ausdrücklichen Sichbeziehens auf frühere Erlebnisse unserer selbst und ihrer Gehalte [...] aber auch der Selbstbeurteilung und Stellungnahme zu uns selbst.“[34]

Georgi Schischkoff beschreibt im philosophischen Wörterbuch vom Verlag Kröner (1978) das Bewusstsein zu Beginn auch über den Erlebnisaspekt:

> „Das Bewußtsein ist das Insgesamt der Bewußtseinsinhalte, die normalerweise begleitet sind von einem mehr oder weniger deutlichen Wissen davon, dass ich selbst es bin, der diese Bewußtseinsinhalte erlebt. Der Mensch lebt nicht nur, sondern er erlebt außerdem sich selbst als einen in bestimmter Weise Lebenden (Selbstbewußtsein).“[35]

Auch in der Medizin ist die klassische Definition vom Erlebnisaspekt beeinflusst. So bezeichnet das klinische Wörterbuch „Pschyrembel“ Bewusstsein als die „allgemeine Bezeichnung für die Gesamtheit der subjektiven psychischen Vorgänge und die Qualität von Erlebnissen, verbunden mit Ich-Bewusstsein, Vigilanz und ungestörten perzeptiven und kognitiven Funktionen“[36].
Hier wird das Erleben bereits um den Aspekt des „wachen Verstandes“

---

[34] Müller/Halder 1961, S. 30
[35] Schischkoff 1978, S. 67f
[36] Zink 1990, S. 201

und der *Wahrnehmung* erweitert. Auch bei Schischkoff wird der Aspekt der Wahrnehmung impliziert:

> „Etwas anschaulich Gegebenes ist bewusstseinsfähig, wenn es wahrgenommen werden kann. Ob es wahrgenommen und somit bewusst wird, hängt ab vom Zustand des Organismus (des Leibes) und vom Zustand des Bewusstseins (Wahrnehmung).“[37]

Er zieht für eine weitere Umschreibung aber die Erkenntnisse der *kognitiven Psychologie* hinzu:

> „Eine Gegebenheit kann auch mehr oder weniger bewusst sein, sodass sich Bewusstseinsgrade unterscheiden lassen. [...] Richtig ist vielmehr, dass das Bewusstsein eine aus dem individuellen Mikrokosmos herleitbare Struktur besitzt, durch die jeder Inhalt sofort in eigentümlicher Weise gestaltet und zu den übrigen Inhalten in Wechselbeziehung gesetzt wird. Das Bewusstsein begleitet und kontrolliert die Auseinandersetzung des Organismus mit seiner Umwelt, indem es sich zwischen den von außen einwirkenden Reiz und die dem Reiz entsprechende Reaktion einschaltet. Diese kontrollierbare Funktion des Bewusstseins ist umso wirksamer, je höher organisiert ein Lebewesen ist.“[38]

Der Ansatz der kognitiven Psychologie, der die Definition über den Erlebnisaspekt ablöste, stellt vor allem die Funktionen des Bewusstseins und seine Rolle im Prozess der menschlichen Informationsverarbeitung in den Vordergrund. Bei diesem Ansatz wird im Allgemeinen davon ausgegangen, dass ein großer Teil der Informationsverarbeitung nicht von Bewusstsein begleitet ist. Dabei werden dem Bewusstsein vor allem das aktivierte Gedächtnis, die fokale Aufmerksamkeit und die kontrollierten (nicht automatischen) Prozesse der Informationsverarbeitung zugeordnet.[39] Diese Sichtweise zeigt sich für die Klärung des Begriffs „Körper- und Bewusstseinsbildung“ als am wenigsten geeignet. Soll sich

---

[37] Schischkoff 1978, S. 67f

[38] Ebd., S. 67f

[39] Vgl. Gadenne 2014, S. 292ff

Bewusstheit als Ergebnis von Bewusstseinsbildung einstellen, so hat die Erforschung der Informationsverarbeitung hierfür keine Relevanz.

Die Bedeutung der Wechselbeziehungen von Wahrnehmung und Verstand wird auch im *neurowissenschaftlichen Ansatz* hervorgehoben. Diese werden in den jüngsten Werken als „Karten" oder „Bilder" beschrieben. So beschreibt der Neurobiologe Gerald Hüther das Bewusstsein folgendermaßen:

> „Mit Bewußtsein meinen wir die Fähigkeit, uns unserer eigenen Empfindungen und Wahrnehmungen, unseres ‚In-der-Welt-Seins' gewahr zu werden. Hierbei werden die primären Verarbeitungsprozesse, die den Leistungen des Gehirns zugrunde liegen, ihrerseits zum Gegenstand kognitiver Prozesse gemacht und die Ergebnisse dieser Metaanalyse auf einer höheren Ebene erneut repräsentiert."[40]

Der Entwurf des Hirnforschers Antonio Damasio in seinem aktuellsten Buch „Selbst ist der Mensch – Körper, Geist und die Entstehung menschlichen Bewusstseins" bietet die der „Körper- und Bewusstseinsbildung" am nächsten stehende Definition. Für den Zustand des Bewusstseins müssen dabei folgende Kriterien erfüllt sein: Die Person muss wach sein, sie muss ein privates, persönliches Wissen um ihre eigene Existenz haben und sie muss ein automatisches, keines Auslösers bedürfendes, nicht abgeleitetes Selbst-Gefühl haben, das einen „Protagonisten der Erfahrung" darstellt.[41]

Als gekürzte Definition kann Bewusstsein als ein Zustand des wachen Verstandes, der ein Selbst-Gefühl hat, bezeichnet werden. Diese Beschreibung soll die vorläufige Definition von Bewusstsein darstellen. Bezogen auf den Titel dieses Buches wird die Definition Damasios auf den Begriff der *Bewusstheit* ausgeweitet: Bewusstheit ist somit ein Zustand des wachen Bewusstseins, das ein Selbst-Bewusstsein hat.

---

[40] Hüther 2013, S. 115

[41] Vgl. Damasio 2013, S. 172f

Damasio formuliert das entscheidende Merkmal von Bewusstsein poetisch als einen „*gefühlten* Gedanken an sich selbst“[42]. Daraus wird der Begriffsinhalt von Bewusstheit, so wie sie in diesem Buch verstanden wird, abgeleitet:

Das Merkmal von Bewusstheit besteht in der inklusiven Wahrnehmung des „Selbst“.

Der Begriffsinhalt von *Bewusstsein* wird weiters dort näher erläutert, wo er jeweils im Mittelpunkt steht: Gurdjieffs „Selbst-Bewusstsein“ (Bewusstsein seines Selbst) wird in Kapitel 4.2 vorgestellt, Konrads „Leib-Bewusstsein“ in Kapitel 5.2. Auf den neurowissenschaftlichen Zugang zu „Bewusstsein“ wird im Kapitel 6.2, auf Gebsers Entwurf der „Bewusstseinsstrukturen“ in Kapitel 5.2.2 näher eingegangen.

Der älteren, auf den Erlebnisaspekt bezogenen Perspektive, wird heute eine geringere Bedeutung und Aktualität zugesprochen als der neurowissenschaftlichen. Die Erlebnisbeschreibung erfasst aber einen Aspekt, der durch die anderen Zugänge nicht erfassbar ist.[43] Dieser Zugang wird im Kapitel 4.3 zum Tragen kommen.

2.3 Körper und/oder Leib

Da es in der Beleuchtung der Ansätze Gurdjieffs und Konrads hinsichtlich der Begriffe „Körper“ und „Leib“ ein unterschiedliches Begriffsverständnis gibt, wird hier der Klärung dieser zwei Begriffe Platz eingeräumt. Mit den folgenden Ausführungen soll auch gezeigt werden, welcher „Körper“ in der „Körper- und Bewusstseinsbildung“ gemeint ist.

Körper und Leib haben in der deutschen Sprache verschiedene Begriffsinhalte. Auch der Begriff „Leib“ weist eine Zweideutigkeit auf:

---

[42] Vgl. Damasio 2013, S. 173
[43] Vgl. Gadenne 2014, S. 292ff

> „Der Leib ist allgemein der lebendige, beseelte Körper eines Lebewesens, besonders des Menschen. Bei diesem zeigt sich ein zweifaches Verhältnis: einerseits ‚hat' der Mensch einen Leib, er kann als freies geistiges Wesen sich ihm ‚gegenüber' stellen (ihn zum Gegenstand machen, [...]) andererseits und ursprünglich aber ‚ist' der Mensch zugleich sein Leib, d.h. er ist nur als Leib oder leibhaftig in der Welt."[44]
>
> „Der Körper ist die allgemeine Bezeichnung für sinnlich wahrnehmbare Dinge."[45]

Die Unterscheidung und Verwendung der Begriffe Leib (von mhd. *lip*, ahd. *lib*, für Leben) und Körper (von mhd. *korper*, lat. *corpus* für Körper, Masse, Gesamtheit) ist für die folgenden Untersuchungen essentiell und beschreibt zwei vollkommen unterschiedliche Wege und Prozesse zur an späterer Stelle vorgestellten „Bewusstheit".

Aus der Ableitung der oben vorangestellten Zitate lassen sich stark vereinfacht zwei Ausgangspunkte formulieren:

1. Ich *bin* Leib.
2. Ich *habe* einen Körper.

Der erste Zugang ist die Verwendung des Begriffs „Leib" als Ausdruck eines „beseelten" Körpers. Der Mensch *ist* sein Leib, er ist mit seinem Leib identisch. Nach dem Philosophen und Bewusstseinsforscher Jean Gebser[46] entspricht diese Einheit von Leib und Seele dem richtungslosen, einheitlichen Verflochtensein des „magischen" Bewusstseins.

Der „beseelte" Leib spiegelt wiederum die sich ergänzende Polarität der mythischen Bewusstseinsstruktur wieder.[47]

---

[44] Müller/Halder 1961, S. 95

[45] Ebd., S. 90

[46] Jean Gebser (1905–1973) war ein deutsch-schweizerischer Kulturphilosoph. Sein Entwurf der fünf Bewusstseinsstrukturen bildet sowohl eine Basis für die Somatomotorisch-ästhetische Bildung Rudolf Konrads als auch zum Großteil den philosophischen und sprachwissenschaftlichen Hintergrund dieses Buches. Gebsers Ansatz wird in Kapitel 5.2.2 vorgestellt.

[47] Vgl. Gebser 1999, S. 113 und S. 308

Der zweite Zugang stellt den Körper als sinnlich wahrnehmbares Gegenüber dar. Diese Trennung und Betrachtung des Körpers als Objekt ist ein Ausdruck der dualen Gegensätzlichkeit der mentalen Bewusstseinsstruktur, der rationalen Betrachtungsweise, die uns laut Gebser derzeit konstituiert.[48]

Konrad verwendet den Begriff „Leib“, bei Gurdjieff ist vom „Körper“ die Rede. In der Primär- und Sekundärliteratur von und über Gurdjieff, welche hauptsächlich in Englisch verfasst wurde, wird das Wort „body“ eingesetzt. In deutschsprachiger Literatur wird ausschließlich „Körper“ verwendet, das englische „body“ wird mit „Körper“ übersetzt. Aus diesem Grund hat eine Unterscheidung zwischen Leib und Körper in der Gurdjieffschen Sprache keine Bedeutung, für Konrad ist diese jedoch essentiell.
Im Folgenden wird dargestellt, welches Begriffsverständnis jeweils hinter „Leib“ und „Körper“ steht.

2.3.1 Der Begriff des „Leibes“ bei Konrad

Konrads Terminus *Somatomotorik* in der „Somatomotorisch-ästhetischen Bildung“ enthält den alten Wortstamm „Soma".
„Soma" wird in der deutschen Sprache mit zwei Wörtern übersetzt: „Leib" und „Körper". Diese wesentliche Unterscheidung in der Bedeutung ist nach Konrads Recherchen auch nur in der deutschen Sprache so eindeutig vorhanden. Für Konrad ist im Wort „Leib“ (aufgrund seiner Ableitung von ahd. *lib* – Leben, basierend auf *lipa* – in etwas bleiben) ein Hinweis auf den existentiellen Grund des Menschen enthalten, während im Wort „Körper“ diese Verwurzelung fehlt.[49]

In seinem Entwurf der Somatomotorisch-ästhetischen Bildung hat sich Konrad für den Begriff „Leib“ entschieden. Er postuliert den Begriff des Leibes aus einem historischen Kontext heraus. Um sich dem Begriff „Leib“ anzunähern, ist es für Konrad essentiell, sich mit der Geschichte

---

[48] Vgl. Gebser 1999, S. 175
[49] Vgl. Konrad 1995, S. 148

des abendländischen Leibverständnisses auseinanderzusetzen. Im Folgenden werden Konrads historische Erläuterungen zum „Leibverlust" und zur Wiederentdeckung des Körpers[50] im 19. und 20. Jh. in komprimierter Fassung wiedergegeben:

Während in alttestamentarischen Schriften der Mensch mit seinem Leib noch identisch, d.h. der Leib Gesamtausdruck seines Daseins war, entstand ab dem 5. Jh.v.Chr. mit der Entwicklung eines Schuldbewusstseins eine Herabsetzung des „triebhaften" Leibes. Auch der Widerstand Jesu gegen den jüdischen Gesetzeskanon, welcher der Triebe Herr zu werden versuchte, löste die Herabsetzung des Triebhaften in der Nachfolge nicht auf. Aussagen Jesu im Neuen Testament, die zur Eindeutigkeit, Keuschheit und Verantwortung aufrufen, bilden den Grundstock etlicher asketischer Tendenzen, vor allem im Mittelalter. War bei Paulus „Soma" noch das menschliche Sein, das „Ich", entstand in den ersten Jahrhunderten in den christlichen Gemeinschaften eine immer stärkere Trennung der „unsterblichen" Seele vom „befleckten" Leib.
Bedeutete das althochdeutsche Wort „Lib" noch "Leben", so vollzog sich im Laufe des Spätmittelalters die Verengung auf das Wort "Körper". Dies ist auch der Ausdruck der damaligen dualistischen Betrachtungsweise, die nun Körper (Corpus) von Seele (Animus), Innen und Außen, scharf trennte.[51] Nach Konrad entwickelte sich in den folgenden 300 Jahren eine immer stärkere Abspaltung des „Menschlichen" vom „Göttlichen", in der das Körperlich-Triebhafte zunehmend unterdrückt wurde.

> „Zwar war die Einheit von Natur und Leiblichkeit auf der einen, und dem Göttlichen auf der anderen Seite bereits in der Spätantike zerbrochen, doch war der ‚Schaden' gering, im Vergleich zu der erschreckenden Perspektive, die der Spiritualismus der Kirche des Mittelalters bot. Gegenüber deren Unbedingtheit, mit der sie den Himmel gegen die Erde, den Geist gegen das Fleisch, das Göttli-

[50] Vgl. Konrad 1995, S. 149–155: Kapitel „Leib und/oder Körper – Historisches zu einem vermeintlichen Wortstreit"

[51] Descartes (1596–1650) verwendet in seinen „Meditationes de prima philosophia" das Wort „Corpus" (Körper) als Gegensatz zu „Animus" (Seele)

che gegen das Menschliche setzte, nahm sich der Zustand in der Spätantike relativ harmlos aus.“[52]

Die christlichen asketischen Praktiken, die die Herrschaft des Geistigen über das Körperliche sichern sollten, riefen vielfältigen Widerstand hervor. Dieser kam schließlich Ende des 18. Jahrhunderts mit der „Wiederentdeckung des Körpers" zum Durchbruch.
Beginnend mit Guts Muts, der 1789 die erste Einführung von Leibesübungen am Philantropium in Dessau erreichte, richtete Jahn 1811 in Deutschland den ersten Turnplatz ein. 1836 gab es den ersten deutschen Turnerbund, seit 1868 gibt es in ganz Österreich das Schulturnen. Während im 19. Jh. der sportliche Aspekt der Bewegung im Vordergrund stand, gewann seit Anfang des 20. Jhdts. zunehmend der psychomotorische Zusammenhang an Bedeutung. Aus den Jahren vor dem ersten Weltkrieg sind Bess Mensendieck mit ihrem Buch "Körperkultur der Frau", Hedwig Kallmeyer, Rudolf von Laban und vor allem Jaques-Dalcroze bekannt. Es entstanden Körper- und Gymnastikschulen, die „Jugendbewegung“, die "Freikörperkultur", die Psychotherapie bis hin zur Atem- und Bewegungstherapie und zur psychosomatischen Medizin.

Obwohl Konrad die Verbreitung der psychosomatischen Betrachtungsweise nach dem zweiten Weltkrieg in seinem Entwurf der Somatomotorisch-ästhetischen Bildung würdigt, ist es für ihn der „Körper“, der ab dem 19. Jh. wiederentdeckt wurde. Der „Mensch“ bleibt von der allumfassenden Bedeutung des „Leibes“ getrennt.[53] Konrad nennt diese Entwicklung einen allmählichen „Verlust des Leibes“. Die tiefgreifenden Bewusstseinsprozesse, die die Rhythmik ermöglicht – formuliert als Somatomotorisch-ästhetische Bildung – sollen eine Möglichkeit seiner Wiedergewinnung darstellen. Diesen Weg bezeichnet Konrad als die „Konkretion des Leibes“[54].

[52] Konrad 1995, S. 151
[53] Vgl. ebd., S. 151
[54] Ebd., S. 155

Aus seinen Ausführungen kann geschlossen werden, dass bei ihm der Begriff „Leib“ im Sinne des „Leib-Seins“ („Ich bin Leib“) verwendet wird. Dieses „Leib-Sein“, die „Leibbewusstheit“, stellt somit das Ziel der Somatomotorisch-ästhetischen Bildung dar.

2.3.2 Der Begriff des „Körpers“ bei Gurdjieff

Gurdjieffs Ansatz stellt einen in zweierlei Hinsicht unterschiedlichen Zugang dar:

1. Der „Körper“ wird instrumentell verwendet.
   („Ich habe einen Körper.“)
2. Er bildet ebenso den Ausgangspunkt eines Weges, dessen Ziel jedoch nicht der „Leib“, sondern die Wahrnehmung des „Selbst“ ist.

Der Mensch stellt sich hier dem Körper gegenüber und macht ihn zum Gegenstand der Beobachtung. Durch aufmerksame Wahrnehmung werden seine „Bestandteile“, die Aspekte „Bewegung/Empfindung“, „Gefühle“ und „Verstand“, in einem Bewusstwerdungsprozess zusammengeführt, um durch bewusste Desidentifikation den vierten „Bestandteil“, das Agens des „Selbst“, herauszubilden.

Dieser Weg zu einer „Selbst-Bewusstheit“ setzt voraus, dass „Bestandteile“ vorhanden sein müssen, die in einer Einheit – als „Ganzheit“ – mit eingeschlossen werden. Gurdjieffs System möchte jedoch nicht in eine mythisch-magisch behaftete „Einheit“ zurückführen, sondern nützt die dualistische Betrachtungsweise der mentalen Bewusstseinsstruktur, um in einer Praxis der Wahrnehmung die Bildung eines „neuen“ Bewusstseins anzustreben, die alle Aspekte inkludiert. Die Verwendung von Worten wie „Leib“ oder „Seele“, die aus vorangehenden Bewusstseinsstrukturen entspringen, in welchen der Prozess der Abstraktion noch nicht stattgefunden hat, wäre hierfür folglich paradox. Eine isolierte Betrachtung und Beobachtung der menschlichen Aspekte und eine Befreiung aus ihrer mythisch-magischen Konnotation ist somit Vorraussetzung für das Verständnis der Gurdjieffschen Lehre. Hier bietet sich eine Begrifflichkeit aus dem “Erleben“ an, wie „Denken“, „Fühlen“ und „Empfinden", welche Gurdjieff in seiner Definition der Zentren einsetzt: dem „Denkzentrum", dem „Gefühlszentrum" und dem „Bewegungszentrum".

Gebser sieht diesen Prozess der Unterteilung, den er als den Weg der „Einzelung" in ein „drei-einiges Einzelsein" bezeichnet, als „perspektivisches Endziel für die Selbstfindung der Wesenheit Mensch, die sich ihrer nur als Einzelwesen bewusst werden kann und projizierend demgemäß auch alles andere einzeln, teilen und perspektivieren muss"[55].
Da wir uns laut Gebser im Übergang zu einer neuen Bewusstseinsstruktur[56] befinden, werden Wörter aus einer anderen Struktur für die neue Struktur irrelevant. „Sie haben Geltung nur innerhalb der Bewusstseinsstrukturen, denen sie als Bild oder Begriff entsprangen, und sie haben in uns nur insofern Wirklichkeit, als diese Strukturen uns ganzheitlich mitkonstituieren. Das aber besagt: *sie verlieren in dem Moment einer neuen Mutation den einstigen Ausschließlichkeitsanspruch und -wert*, der ihnen zu eigen war."[57]

In diesem Sinne wird der Begriff „Körper" im Terminus „Körper- und Bewusstseinsbildung" in seinem gegenwärtigen, instrumentellen Zusammenhang und in seiner Funktion als Arbeitsfeld in einem Prozess der Bewusstwerdung verwendet.

2.3.3 „Körper – Seele – Geist"

Zwei Begriffe, die im Zusammenhang mit Körper und Bewusstsein auch im 21. Jh. häufig aufscheinen, sind die Begriffe „Geist" und Seele". Bei Übersetzungen von Literatur aus dem Englischen wird für den Begriff „mind" zumeist das deutsche „Geist" eingesetzt, welches durch die unterschiedliche Konnotation im Deutschen zu einer begrifflichen Verschwommenheit führt. Zu „Geist" gesellt sich der Begriff „Seele": Die in der Antike geprägte „Harmonie von Körper, Seele und Geist" wird selten in eine zeitgemäße Übersetzung gebracht. Dass auch diese Begriffe Aus-

---

[55] Gebser 1999, S. 281
[56] Diese neue „integrale Bewusstseinsstruktur" wird im Kapitel 5.2.2 vorgestellt.
[57] Gebser 1999, S. 204

druck einer Anhaftung an eine Bewusstseinsstruktur sind, die sich gerade im Wandel befindet, wird im Folgenden anhand der Bewusstseinsstrukturen Gebsers erörtert.

„Geist“ und „Seele“ sind nach Gebser Begriffe, die ihren Ursprung in der magischen Bewusstseinsstruktur haben und in der darauffolgenden mythischen Bewusstseinsstruktur vorerst nur im Plural existierten: „Aus den numinosen, manabehafteten ‚Vorstellungen' lösten sich allmählich nicht *die Seele* oder *der Geist*, sondern Seelen und Geister.“[58] Mit dem Übergang von der mythischen in die mentale Bewusstseinsstruktur, ging der Vorgang der Monotheisierung einher, welcher den Dualismus und die Trinität einleitete. Als eine Spiegelung des sich zentrierenden Ichs veränderten sich auch die Begriffe „Seelen“ und „Geister“ zu ihrem Singular: Aus den „Seelen“ wurde die „Seele“, aus den „Geistern“ der „Geist“, aus den „Dämonen“ der „Dämon“ (der Teufel) und aus den „Menschen“ der ichtragende „Mann“.

> „Und der Trinitätsform gleicht sich dieser Mann insofern an, als er dem dreieinigen Gott entsprechend sich eine dreieinige Seele zumisst (wie sie Platon formulierte) und sich als dreigeteilt konstituiert vorstellt: als aus Körper, Seele und Geist bestehend.“[59]

„Seele“ und „Geist“ sind aus ihrem breiten historischen Kontext heraus nicht eindeutig zu definieren. Ein Erfassen der Begriffsinhalte ist nur über den Zugang der Symbolik möglich, was allerdings den Rahmen dieser Untersuchung sprengen würde.

Das deutsche Wort *Seele* stammt als Wort vom urgermanischen *Saiwolo*, „die vom See (als Aufenthaltsort der Seele vor der Geburt und nach dem Tod) her Kommende“ oder aber lautlich vom griech. *Aiolos*, „die Bewegliche“, ab.[60] Der erste wirklich fassbare Seelenbegriff ist das griechische Wort *Psyche*, welches (wie das lateinische *Anima*) für „Hauch“, „Atem“ steht. Ihre urgriechische Bedeutung ist „Leben“, für „Seele“

[58] Gebser 1999, S. 280
[59] Ebd., S. 280
[60] Vgl. Müller/Halder 1961, S. 156

wurde das Wort *Thymos*[61] eingesetzt. Der Begriff „Psyche" trägt aus seiner Herkunft somit einen Doppelaspekt: Ihm wird einerseits das „Leben" zugeordnet, andererseits diesem durch die Bedeutung „Hauch" („die Seele wird ausgehaucht") ein Todesaspekt gegenübergestellt. In dieser Ambivalenz wird die ursprüngliche polare Symbolik[62] dieses Begriffs sichtbar.

Auch der Begriff *Geist* hat „psychische" Wurzeln. Das lateinische *Spiritus* bedeutete anfänglich „Lufthauch, Atem", dann „Lebensluft, Lebenshauch, Leben" und bezeichnete neben *Anima* die „Seele". Erst sehr spät wandelte sich *Spiritus* im Gegensatz zu *Anima* zum „Geist".[63]
Dass auch beim Begriff „Geist" keine eindeutige Begriffsbestimmung möglich ist, kann durch folgende historische Erörterung Gebsers verstanden werden:

> „Der erste an den Begriff „Geist" streifende Geistbegriff ist der griechische ‚Nous' der Vorsokratiker sowie der ‚Logos'' des Heraklit, der auch der des Johannesevangeliums ist. Dieser Logos trägt aber in seiner Bedeutung als ‚Wort' jenen Atemcharakter, der seine psychische und nicht etwa ‚geistige' Herkunft verrät. Das gleiche gilt für das Pneuma, das noch deutliche Spuren einer Hauch- und Atemseele aufweist. Dieses Pneuma, das von vielen [...] als ‚Geist' aufgefasst wird, dürfte den ihm zugesprochenen ‚Geist'-Charakter erst durch das ‚Hagion' (Heilig) des Neuen Testamentes erhalten haben. Dieses ‚Heilig' hinwiederum trägt ausgesprochen mythisch-magische [...] Züge."[64]

Durch diese Verwurzelung drückt der deutsche Begriff „Geist" oftmals nicht optimal aus, was mit dem englischen „mind" gemeint ist. Im Eng-

---

[61] Aus diesem „Thymos", das auch die im Zwerchfell lokalisierte Lebenskraft darstellte und in diesem Zusammenhang auch mit „Trieb", „Gemüt" oder „Gefühl" übersetzt wird, ist der emotionale Charakter, den die „Seele" gegenwärtig hat, abzuleiten. Vgl. Gebser 1999, S. 277

[62] Vgl. Gebser 1999, S. 305

[63] Vgl. ebd., S. 330

[64] Ebd., S. 280

lisch-Deutschen Wörterbuch[65] finden sich für „mind“ folgende Übersetzungen: Geist, Verstand, Kopf, Denkweise, Gedanken, Gedächtnis, Sinn, Meinung, Ansicht. Umgekehrt[66] finden sich vom deutschen „Geist“ ins englische: mind, spirit, ghost, intellect, spirit. Hier wird sichtbar, dass „Geist“ mehr geistigen, im Sinne von flüchtigen Charakter hat, während „mind“ mehr das Mentale, Intellektuelle betont.

Obwohl keine Verbindungen zwischen Gurdjieff und Gebser bekannt sind, ist auch bei Gurdjieff eine gezielte Wortwahl zur Beschreibung seines Bewusstseinsentwurfes sichtbar. Er distanzierte sich bei der Beschreibung seiner Ideen bereits in der ersten Phase seiner Lehrtätigkeit ab 1914 von den Begriffen „Geist“ und „Seele“. Um sich vom traditionellen spirituellen Schema „Körper, Seele, Geist“ abzusetzen, entwarf er die Lehre der drei „Gehirne“ oder Zentren des Menschen: dem motorischen Zentrum, dem Gefühlszentrum und dem intellektuellen Zentrum. Dieses Konzept ist weder abstrakt noch spirituell behaftet. Für die praktische Zugänglichkeit wird jedem Zentrum eine Funktion zugeordnet: Die Funktion des motorischen Zentrums ist die Bewegung und die Empfindung des Körpers, die des Gefühlszentrums die Gefühlsempfindung und des intellektuellen Zentrums das Denken. In dieser Formulierung der drei „Gehirne“ finden sich Parallelen zum Modell der Dreiteiligkeit des Gehirns, wie es in einigen Richtungen der Neurophysiologie verwendet wird.[67]

Angelehnt an Gebsers Argumentation der Irrelevanz der Begriffe aus einer alten Struktur in einer Phase des Bewusstseinswandels und aufgrund der starken christlichen Konnotation von „Geist“ und „Seele“ in der deutschen Sprache wird im gesamten Buch auf diese Begriffe bewusst verzichtet. Das englische „mind“ wird mit „Verstand“ übersetzt.

---

[65] Terell/Calderwood-Schnorr 1987 (englisch-deutsch), S. 696

[66] Terell/Calderwood-Schnorr 1987 (deutsch-englisch), S. 473f

[67] Martin 2011, S. 57 (Die Aktualität dieses Entwurfs wird in Kapitel 4.3.4 beleuchtet.)

3 Neurowissenschaftliche Grundlagen

Die Neurowissenschaften fassen jene Forschungsbereiche aus Medizin, Biologie und Psychologie zusammen, die den Aufbau und die Funktionsweise von neuronalen Systemen untersuchen. Sie lassen sich in mehrere Unterkategorien einteilen.

In der *Neurophysiologie* steht die Funktionsweise des Nervensystems im Vordergrund, wobei nicht nur die Prozesse einzelner Nervenzellen, sondern ihre Beziehung zum ganzen Körper, also die integrative Tätigkeit der neuronalen Netze untersucht werden.

> „[...] will man einer physiologischen Eigenschaft ihren Wert und ihre wirkliche Bedeutung zumessen, muss man sie immer auf das Ganze beziehen und darf endgültige Schlußfolgerungen nur im Zusammenhang mit ihren Wirkungen auf das Ganze ziehen."[68]

Auch die *Neurobiologie* analysiert den Aufbau des Nervensystems auf zellulärer und molekularer Ebene und das Zusammenwirken von Neuronen, wobei sie die Neurophysiologie um den Aspekt der Evolutionsbiologie erweitert. Neuroanatomische und neurophysiologische Strukturen werden hinsichtlich ihrer ontogenetischen und phylogenetischen Entwicklung untersucht.

Die *Hirnforschung* vereint mit ihrer Frage nach der Entstehung von Bewusstsein die Neurophysiologie und Neurobiologie mit den kognitiven Neurowissenschaften und der Psychologie. Sie erforscht nicht nur die Funktionsweise des Gehirns als Organ, sondern auch die Verknüpfung der Hirntätigkeit mit Wahrnehmung, Emotionen und kognitiven Prozessen. Sie ortet die Zentren, welche diese Prozesse steuern, im Gehirn und ordnet sie unterschiedlichen Regionen zu. In den letzten Jahrzehnten versucht die Hirnforschung verstärkt, die Zusammenhänge zwischen Gehirnaktivitäten und bewusstem Erleben, ein sogenanntes „neuronales

---

[68] Claude Bernard (1865), Begründer des Konzepts der *Homöostase*; zit. n. Silbernagl/Despopoulos 2012, S. 2

Korrelat des Bewusstseins", zu formulieren. Im Zuge dieser Erforschung haben sich übergreifende Theorien der Hirnforschung mit der Kognitionswissenschaft, der Psychologie und der „Philosophie des Geistes" gebildet. Einer der bekanntesten Autoren auf dem Gebiet der Bewusstseinsforschung ist der portugiesische Neurowissenschaftler Antonio Damasio.

Da in diesem Buch immer wieder zu neurowissenschaftlichen Theorien Bezug genommen wird, werden im Folgenden die Grundbegriffe zu Nervensystem und Gehirn und die Grundlagen der Physiologie der Wahrnehmung kurz erläutert.

3.1 Das Nervensystem

3.1.1 Einteilung des Nervensystems[69]

Beim Aufbau des Nervensystems wird zwischen einer anatomischen und einer physiologischen/funktionellen Strukturierung unterschieden.

Anatomisch wird das menschliche Nervensystem nach seiner Topographie unterteilt:

1. Zerebrospinales System/Oikotropes System
    - 1.1. Zentrales Nervensystem (ZNS)
        - 1.1.1. Gehirn
        - 1.1.2. Rückenmark
    - 1.2. Peripheres Nervensystem
        - 1.2.1. Hirnnerven
        - 1.2.2. Rückenmarksnerven (Spinalnerven)
2. Autonomes Nervensystem/Idiotropes System
    - 2.1. Sympathisches Nervensystem
    - 2.2. Parasympathisches Nervensystem

[69] Vgl. Anderhuber/Pera/Streicher 2012, S. 66

Physiologisch wird das Nervensystem nach seinen Funktionen unterschieden in[70]:

1. Somatisches[71]/animales[72] Nervensystem
    1.1. Afferente Fasern
    1.2. Efferente Fasern
2. Viszerales[73]/Vegetatives[74] Nervensystem
    2.1. Afferente Fasern
    2.2. Efferente Fasern
        2.2.1. Parasympatisches Nervensystem
        2.2.2. Sympathisches Nervensystem

3.1.2 Aufgabe des Nervensystems

Das Nervensystem hat die Aufgabe, Gewebe, Organe und Organsysteme zu verbinden, aufeinander abzustimmen und zu einem harmonisch tätigen Ganzen zusammenzufassen. Sein *oikotropes* somatisches System dient der bewussten Wahrnehmung, der Verbindung mit der Umwelt über die Sinnesorgane und der willentlichen Aktivität der Muskeln (Willkürmotorik). Sein *idiotropes* vegetatives System steuert die inneren Funktionen des Körpers und arbeitet eng mit den endokrinen Drüsen zusammen (neurohormonales System). Seine Tätigkeit ist vom Willen weitgehend unabhängig, steht jedoch in engem Zusammenhang mit der Psyche. Durch diese beiden Systeme hat das Nervensystem die Fähigkeit, Reize aus der Umwelt und aus dem Inneren des Organismus aufzunehmen, zentral zu sammeln, zu verarbeiten und entsprechende Impulse an die Peripherie, die Organe und Organsysteme abzugeben.

---

[70] Eine graphische Darstellung dieser Einteilung ist in Storch 2010, S. 145 zu finden.
[71] von griech. *soma* „Körper“
[72] von lat. *anima* „Seele, Lufthauch, Wind“
[73] von lat. *viscera*, „Eingeweide“
[74] von lat. *vegetare* „beleben, anreizen“

Die Aufnahme der Reize erfolgt durch Empfänger (Rezeptoren/Sensoren), welche durch „Kabel", den afferenten Nervenfasern, über das Rückenmark zur Zentrale geleitet werden. Hier werden die Erregungen gesammelt, „gesichtet", geordnet, zu einheitlichen Impulsen umgeformt und über weitere „Kabel", den efferenten Nervenfasern, zu den Zielorganen in der Peripherie, den Muskeln und Eingeweiden, geschickt.

Demnach werden die Nervenfasern je nach Richtung der Erregungsleitung in *Afferenz* und *Efferenz* unterschieden. Afferente Nervenfasern sind immer zentralwärts meldende, efferente peripherwärts meldende Fasern.[75]

3.1.3 Bau der Nervenzelle

Die Nervenzelle, das Neuron, ist die funktionelle und strukturelle Grundeinheit des Nervensystems. Sie besteht aus einem Zellkörper (Soma), welcher den Zellkern enthält, dem Neuriten (auch Axon genannt) und aus einem oder mehreren Dendriten. Die *Dendriten* sind meist stark verzweigt und dienen dem Empfang von Erregungssignalen von Axonen anderer Nervenzellen. Das *Axon* überträgt das Nervensignal über seine Kontaktstelle, der Synapse, auf andere Nerven-, Muskel- oder Drüsenzellen.

3.1.4 Grundbegriffe zum Gehirn

Die Zahl der Nervenzellen des menschlichen Gehirns wird derzeit auf 86 Milliarden geschätzt.
Bei einem Sagittalschnitt durch das Gehirn kann man eine weiße, innere und eine graue, äußere Substanz, erkennen. Die graue Substanz enthält zahlreiche Nervenzellkörper und wenige Axone. Die weiße Substanz besteht zum Großteil aus Nervenzellfortsätzen und nur wenigen Zellkörpern.

---

[75] Vgl. Anderhuber/Pera/Streicher 2012, S. 66

Im Rückenmark liegt die graue Substanz zentral und wird vollständig von weißer Substanz umgeben.

Das Gehirn des Menschen kann grob in folgende Teile gegliedert werden[76]:

- Hirnstamm, bestehend aus Medulla oblongata (verlängertes Mark), Brücke (Pons) und Mittelhirn
- Kleinhirn (Cerebellum)
- Zwischenhirn (Dienzephalon) mit Thalamus, Hypothalamus und Hypophyse
- Endhirn oder Großhirn (Telenzephalon)

Die Großhirnrinde überzieht beim erwachsenen Menschen als graue, bis zu 4,5 mm dicke Schicht die gesamte Fläche des Großhirns. Mehr als 90% der Großhirnrinde ist aus sechs Schichten aufgebaut und wird Isokortex („gleich gebaute Rinde") genannt. Da er phylogenetisch erst bei Säugern auftritt, wird er auch als Neokortex bezeichnet. Demgegenüber ist der 3-schichtige Allokortex ("anders gebaute Rinde") phylogenetisch älter und umfasst nur 5% der Hirnrinde[77].

Das Gehirn schwimmt in einem Flüssigkeitsraum, dem Subarachnoidealraum, und enthält Hohlräume (Ventrikel), die ebenfalls mit Gehirnflüssigkeit (Liquor) gefüllt sind.
Es ist innerhalb des Schädels von einer Bindegewebsschicht, der Hirnhaut, umgeben.

---

[76] Vgl. Silbernagl/Despopoulos 2012, S. 328
[77] Anderhuber/Pera/Streicher 2012, S. 67

3.2 Sinnesphysiologische Grundlagen zur Wahrnehmung[78]

Der Prozess der Wahrnehmung ist ein Gegenstand der Allgemeinen Sinnesphysiologie. Sie beschäftigt sich mit den grundlegenden Prinzipien, die den Sinnesleistungen zugrunde liegen und untersucht sowohl das Funktionieren der Sinnessysteme als auch das Zustandekommen der Wahrnehmung. Im 19. und 20. Jh. wurde dabei in objektive und subjektive Sinnesphysiologie unterschieden.

Die Kette physikochemischer Ereignisse einer Sinnesleistung, vom Sinnesreiz, der Potentialveränderung in den Sinnesrezeptoren, der Erregung afferenter Nervenfasern bis zur Verarbeitung in den sensorischen Gehirnzentren lässt sich durch die *objektive Sinnesphysiologie* beobachten und analysieren.

Auf einen Sinnesreiz folgt aber auch ein subjektiver Sinneseindruck. Sinneseindrücke bilden wiederum eine Empfindung aus. Wird die Sinnesempfindung durch das Einordnen in Erfahrenes und Erlerntes gedeutet und modifiziert, wandelt sie sich zu einer Wahrnehmung. Werden subjektive Empfindungen und Wahrnehmungen zur Bestimmung der Sinnesleistung herangezogen, spricht man von *subjektiver Sinnesphysiologie*. Dieser Wissenschaftszweig wird heute der *Wahrnehmungspsychologie* zugeordnet.

Die Schnittstelle zwischen Sinnesphysiologie und Wahrnehmungspsychologie, zwischen physiologischen und psychischen Prozessen, ist die Quelle des „Leib-Seele-Problems“, welches auch „Hirn-Bewusstsein-Problem“ genannt wird. Dieses stellt den Kern der „Philosophie des Geistes“ dar und behandelt die Frage, wie sich Bewusstseinsinhalte (welche in der Philosophie mit Begriffen wie „Geist“ oder „Seele“ angehandelt wurden/werden) zu physiologischen Prozessen (oder dem Körper, dem Gehirn, dem „Leib“) verhalten. Im Laufe der letzte Jahrhunderte entstanden verschiedenste philosophische Theorien zur Frage, wie diese

[78] Vgl. Schmidt/Lang/Heckmann 2010, S. 252ff

kausalen Wechselbeziehungen zwischen Gehirn/Körper und „Seele/ Geist“ ablaufen können. Dabei kann in zwei Grundpositionen unterschieden werden:

1. Die *monistische* Anschauung[79] vertritt die Position, dass die neuronalen Prozesse, die einem Sinnesreiz folgen, und die subjektiven Empfindungen und Wahrnehmungen identisch sind. Sie stellen nur zwei verschiedene Dimensionen oder Betrachtungsebenen einer einzigen Funktion dar: der Hirnfunktion.[80]

2. In der *dualistischen* Anschauung[81] ist das Gehirn das komplexe „Instrument einer unabhängigen Seele“[82]. Demnach wirken neuronale Prozesse auf die Seele ein, umgekehrt kann die Seele Hirnprozesse beeinflussen.

Die *integrierende Sinnesphysiologie* schlägt die Brücke zwischen Sinnesphysiologie und Wahrnehmungspsychologie.
Ihre Fragestellungen haben verbindenden Charakter und gehen von folgenden Ausgangspunkten aus[83]:

1. Von Konzepten, die beiden Forschungsbereichen gemeinsam sind,
2. von Phänomenen der Wahrnehmung, für die neurophysiologische Entsprechungen gesucht werden, und

---

[79] Die bekanntesten Vertreter der monistischen Anschauung sind unter anderem Baruch Spinoza (1632–1677), Gustav Theodor Fechner (1801–1887), Ernst Mach (1838–1916), Wiliam James (1842–1910), B. F. Skinner (1904–1990), John Smart (1920–2012), Ullin Place (1924–2000) und Hilary Putnam (1926–2016). Den Ideen Spinozas entspringt der *Eigenschaftsdualismus,* dessen bekannteste zeitgenössische Vertreter David Chalmers und Ervin Lászlό sind. Vertreter der monistischen Grundposition ist auch der Neurowissenschaftler Antonio Damasio, dessen Theorien in diesem Buch einen großen Stellenwert einnehmen.

[80] Vgl. Schmidt/Thews 1993, S. 187

[81] Die bekanntesten Vertreter der dualistischen Betrachtungsweise sind unter anderem René Descartes (1596–1650), Nicolas Malebranche (1638–1715), Gottfried Wilhelm Leibniz (1646–1716), Thomas Henry Huxley (1825–1895), Karl Popper (1902–1994) und John Eccles (1903–1997).

[82] Schmidt/Lang/Heckmann 2010, S. 253

[83] Vgl. Schmidt/Thews 1993, S. 205

3. von neurophysiologischen Funktionszusammenhängen, die auf ihre Wirkung auf die Wahrnehmung untersucht werden.

Die Untersuchungen der integrierenden Sinnesphysiologie werden der *Psychophysiologie* zugeordnet, welche die Erkenntnisse aus der Psychophysik und der Wahrnehmungspsychologie mit Emotionen, Verhaltensweisen und Bewusstsein in Verbindung bringt.

Der Weg vom Phänomen zu dessen Wahrnehmung und den daraus resultierenden Bewusstseinszuständen und Verhaltensweisen kann in Stichworten unter Zuordnung in die jeweiligen Forschungsbereiche folgendermaßen gereiht werden:

1. *Bereich der objektiven Sinnesphysiologie*[84]: Phänomene der Umwelt oder des Körpers → Interaktion mit den Sinnesorganen → Sinnesreize → Auslösen von Aktionspotentialen in den geeigneten Sensoren → Erregung in den sensorischen Nerven → Erregung sensorischer Gehirnzentren → Integration im somatosensorischen Zentralnervensystem →
2. *Bereich der Wahrnehmungspsychologie*: neuronale Verarbeitung der Sinneseindrücke zu Empfindungen → neuronale Verarbeitung der Empfindungen zu einer Wahrnehmung →
3. *Bereich der Psychophysiologie*: Vernetzung mit sensorischen und assoziativen Bereichen des Neokortex und mit dem limbischen System → Ausformung von inneren Repräsentationen im Gehirn → Bildung von Metarepräsentationen[85]

[84] Eine schematische Abbildung dieser Beschreibung ist in Schmidt/Lang/Heckmann 2010, S. 253 zu finden.
[85] Vgl. Hüther in: Storch 2010, S. 86ff

3.2.1 Einteilung der Sinne

Die Sinne des menschlichen Organismus werden von der Sinnesphysiologie und der Wahrnehmungspsychologie unterschiedlich klassifiziert.

Grundsätzlich können die Sinnesorgane über ihre Sinnesfühler, die Sensoren, in zwei große Gruppen unterteilt werden:

1. *Exterozeption:* Die Exterozeptoren dienen der Aufnahme von Reizen aus der Außenwelt. Zu dieser Gruppe zählen auch die „fünf Sinne" Geruchssinn, Geschmackssinn, Gehörsinn, Gesichtssinn (Sehen) und Tastsinn.
2. *Interozeption:* Sie ermöglicht die Wahrnehmung von Reizen, die im Körper selbst entstehen, wie z.B. die Sinneswahrnehmung der Gelenkstellung oder der Eingeweideorgane.

Die subjektive Sinnesphysiologie, welche die Reize mit der subjektiven Welt der Empfindungen und Wahrnehmungen in Beziehung setzt, unterscheidet in den Empfindungen vier Grunddimensionen:

1. Intensitätsdimension
2. Zeitliche Dimension
3. Ausdehnung/Ortsdimension
4. Qualitätsdimension

Die Qualitätsdimension nimmt in der subjektiven Sinnesphysiologie einen zentralen Stellenwert ein. Sie beschreibt die Tatsache, dass Empfindungen in ihrer Art grundsätzlich unterschiedlich sind. So werden die Sinne nicht nach ihren Reizen oder Sensoren eingeteilt, sondern durch das „Gesetz der spezifischen Sinnesenergien" in *Sinnesmodalitäten* unterschieden: „Eine Sinnesmodalität wird nicht durch den Reiz bestimmt, sondern durch das gereizte Sinnesorgan"[86]. Die Sinnesmodalitäten fassen die Empfindungskomplexe der spezifischen Sinnessysteme zusammen. Sie lassen sich durch Messung untereinander nicht vergleichen, inner-

[86] Schmidt/Thews 1993, S. 196

halb einer Sinnesmodalität kann man jedoch verschiedene Qualitäten oder Submodalitäten messen.

Wurden in der klassischen Medizin nur fünf Sinne (Sehen, Hören, Tasten, Schmecken, Riechen) unterschieden, wird heute eine Vielzahl anderer Sinnesmodalitäten beschrieben, wie den Gleichgewichtssinn, den Temperatursinn oder den Schmerzsinn. Viele dieser „Sinnesorgane" haben überwiegend die Aufgabe, als Messfühler an der Regelung physiologischer Prozesse mitzuwirken und vermitteln dabei keine bewussten Empfindungen (z.B. Druckrezeptoren in der Halsschlagader).

Die für die Thematik dieses Buches relevanten Sinnesmodalitäten sind die Hautsensibilität, die Tiefensensibilität, der Gleichgewichtssinn und die viszerale Sensibilität. Die Integration der vielfältigen sensorischen Informationen aus diesen Sinnessystemen führt zum subjektiven Gesamteindruck des eigenen Körpers, dem *Körperbild*[87] oder *Körperimago*[88]. Das Körperbild entsteht somit durch alle auf den Körper bezogenen Empfindungen und wird durch persönliche Affekte und Reaktionen der Umwelt beeinflusst. Gemeinsam mit dem *Körperschema*, welches über exterozeptive Wechselwirkung die Körper*bewegung* im Gehirn repräsentiert, und dem *Körperbegriff* (dem faktischen Wissen über den eigenen Körper, die Körperteile und ihre Funktionen) bildet es das *Körperbewusstsein* des Menschen.[89]

Ein bewusstes Arbeiten mit dem eigenen Körper ist dadurch immer auch eine aktive Auseinandersetzung mit dem Körperbild und dem Körperschema. Sowohl die Movements und Inner Exercises Gurdjieffs, als auch das Konzentrative Körpertraining Konrads setzen an der bewussten Tiefenwahrnehmung und Bewegung des Körpers an. Die Breema Körperarbeit erweitert diese Übungsfelder um den Aspekt der Berührung.[90]
Das physiologische System, welches dabei aktiv ist, wird in der Sinnesphysiologie „somatosensorisches System" genannt.

---

[87] Vgl. Schmidt/Thews 1993, S. 207
[88] Brüggebors 1992, S. 32
[89] Vgl. Pauli/Kisch 1997, S. 3f
[90] Siehe Kapitel 4.4.3 und 6.1.1

3.2.2 Das somatosensorische System

> „Das somatosensorische System dient der bewussten Wahrnehmung von Sinneseindrücken aus Haut, Bewegungsapparat und Eingeweiden sowie motorischen und vegetativen Regelkreisen.“[91]

3.2.2.1 Submodalitäten der Somatosensorik

In der Sinnesmodalität der Somatosensorik werden fünf Qualitäten, die als Submodalitäten[92] bezeichnet werden, unterschieden.

Durch die Hautsensibilität, dem Hautsinn, steht der Mensch mit der Außenwelt in Verbindung. Seine drei Submodalitäten sind der *Tastsinn (Mechanorezeption)*, durch den die Umgebung „begriffen“ werden kann, der *Temperatursinn (Thermorezeption)*, mit dem Wärme und Kälte körperlich wahrgenommen wird, und der *Schmerzsinn (Nozizeption)* durch den Reizeinflüsse zugeordnet und bewertet werden können.

Die vierte Submodalität, die *Propriozeption*, ermöglicht durch die Tiefensensibilität der Muskeln und Gelenke die Wahrnehmung der Körperhaltung, von Positionen und Bewegungsabläufen.

Durch die fünfte Submodalität der *Viszerozeption*, der Sensibilität der inneren Organe, erhält der Mensch Wahrnehmungen wie Völlegefühl, Herzschmerz oder Atemnot.

Die Propriozeption, auch Tiefensensibilität oder kinästhetische Sensibilität genannt, ist der Sinn, dem in diesem Buch die größte Aufmerksamkeit gebührt. Generell versteht man darunter die Wahrnehmung der Stellung und Bewegung des Körpers, welche durch Sensoren in den Gelenken und den Muskeln ermöglicht wird. Auch der *Gleichgewichtssinn* wirkt bei der Propriozeption mit, da die Wahrnehmung der Körperstellung immer im Feld der Schwerkraft entsteht. Die Propriosensoren sind an den vielfältigen bewussten und unbewussten Bewegungsabfolgen des

---

[91] Schmidt/Lang/Heckmann 2010, S. 275

[92] Vgl. ebd., S. 274

täglichen Lebens beteiligt. Dabei können drei verschiedene Qualitäten der Tiefensensibilität wahrgenommen werden:

1. Der *Stellungssinn* ermöglicht eine genaue Orientierung über die Winkelstellung der Gelenke und damit auch über die Haltung der Gliedmaßen.
2. Durch den *Bewegungssinn* kann die Richtung und die Geschwindigkeit einer Bewegung wahrgenommen werden, wenn sich die Stellung eines Gelenks verändert.
3. Durch den *Kraftsinn* wird das Ausmaß der Muskelkraft registriert, welches für die Ausführung einer Bewegung oder das Einhalten einer Gelenksstellung notwendig ist.

Die Sensoren der Propriozeption, die bei der bewussten Wahrnehmung von Positionen und Bewegungen beteiligt sind, sind die Muskelspindeln (Längensensoren), die Golgi-Sehnenorgane (Kraftsensoren) und die SA2-Rezeptoren in den Gelenkskapseln und in der Haut.[93]

3.2.2.2 Zentrale somatosensorische Integration[94]

Die komplexe Wahrnehmung des eigenen Körpers, seiner Haltung, seiner Bewegung, seines inneren Zustandes und seiner Form, erwächst aus einem zentralen somatosensorischen Integrationsprozess. Dabei sind sowohl afferente als auch efferente Systeme beteiligt.

Die Daten aus Mechanorezeption und Propriozeption erreichen über das lemniskale System, die Daten aus Thermozeption, Nozizeption und Viszerozeption über das spinothalamische System im Rückenmark die somatosensorischen Kerne des Thalamus und die somatosensorischen Areale der Großhirnrinde. Unspezifische Bahnen verschiedener Sinnessysteme erreichen auch die Formatio reticularis des Hirnstamms.
Daneben gibt es im Rückenmark und im Hirnstamm zahlreiche Ver-

[93] Vgl. Schmidt/ Lang/Heckmann 2010, S. 287
[94] Vgl. ebd., S. 273ff

schaltungen somatosensorischer Bahnen zur Ausführung motorischer und vegetativer Reflexe. Die propriozeptiven Bahnen projizieren zur Integration des Gleichgewichtssinns zusätzlich zum Kleinhirn und zu den Vestibulariskernen.

Im Zentralnervensystem werden diese Meldungen funktionell in drei verschiedenen Ebenen, dem afferenten, dem integrativen und dem efferenten System, vereint. Der afferente Anteil des somatosensorischen Systems wird nach seinem Weg durch Rückenmark und Thalamus im primären (SI) und sekundären (SII) somatosensorischen Kortex, im posterioren parietalen Kortex und in der Inselrinde verarbeitet. Informationen des Tastsinns und der Tiefensensibilität erreichen die rezeptiven Felder der Neuronen im primären (SI) und sekundären (SII) somatosensorischen Kortex. Die Neuronen des posterioren parietalen Kortex antworten vorrangig auf Hautreize und visuelle Reize. „Diese Region ist wichtig für kortikale Repräsentation des Körperschemas, d.h. des subjektiven Bildes von der Form des eigenen Körpers und dessen Zugehörigkeit zum Selbst.“[95] Die Inselrinde ist schließlich für die zentrale Repräsentation des inneren Zustands des Körpers verantwortlich.
Für den weiteren Integrationsprozess wird in das limbische System und den assoziativen Kortex projiziert. Diese beiden Systeme führen Meldungen aus mehreren Sinnessystemen und gespeicherte Informationen aus dem Gedächtnis zusammen.
Das motorische und das vegetative System antworten schließlich mit efferenten Meldungen an die Peripherie.

Das Zusammenwirken dieser drei zentralnervösen Ebenen bildet die Grundlage des Verhaltens, welches die Körperhaltung und -sprache inkludiert. Sinnesphysiologisch betrachtet besteht Verhalten „aus Wahrnehmungen und Reaktionen mit *kognitiven* (bewusst erkennenden), *affektiven* (gefühlsmäßigen), *motivationalen* (antriebserzeugenden), *motorischen* und *vegetativen* Komponenten“[96].

---

[95] Schmidt/Lang/Heckmann 2010, S. 281
[96] Schmidt/Thews 1993, S. 219

4 George I. Gurdjieffs Entwürfe zur Bewusstseinsbildung des Menschen

> „I ask you to believe nothing that you cannot verify for yourself."[97]

George I. Gurdjieff stellte seine Entwürfe zur Bewusstseinsbildung nicht als „Lehre" dar. Er nannte das Wissen, welches er vermittelte, einfach „Ideen".[98] Mit dem Begriff der „Idee" weist er auf die Eigenverantwortlichkeit hin: Seine Konzepte und Strukturierungen können von jedem Menschen nur durch die eigene „Arbeit an sich selbst" verifiziert werden. Diese selbständige Praxis ist das Kernstück des Werks Gurdjieffs. Alle vorgestellten Inhalte sind folglich „Material", mit dem gearbeitet werden kann und stellen keine Glaubenssätze oder Dogmen dar.

Um Gurdjieffs Ideen auch aus einem historischen Kontext heraus zu verstehen, wird dem Hauptteil, in welchem seine Entwürfe präsentiert werden, eine kurze Biographie vorangestellt.

4.1 Zur Person George I. Gurdjieffs

George Ivanovitsch Gurdjieff wurde 1866[99] als Ältester von sechs Geschwistern im griechischen Viertel der Stadt Alexandropol, heute Gjumri, im damaligen Russland (heutiges Armenien) geboren. Sein Vater war griechisch-stämmig, seine Mutter Armenierin.

Schon in der Kindheit erhielt Gurdjieff erste Impulse, sich für die Existenz einer verborgenen „Wahrheit", die alle Menschengenerationen

---

[97] Gurdjieff 1991, S. 78

[98] Vgl. Martin 2014, S. 24

[99] Vgl. Petsche 2015, S. 40: Da Gurdjieff 1930 seine persönlichen Dokumente verbrannte, ist das genaue Geburtsdatum unbekannt. Die meisten Biograf*innen geben das Jahr 1866 an. Die in seinen Reisedokumenten angeführten Geburtsdaten reichen von 1864 bis 1880.

durchzieht und aneinander bindet, zu interessieren. Sie kamen wahrscheinlich von seiner Großmutter mütterlichseits, einer im transkaukasischen Gebiet berühmten Heilerin und Hebamme, und seinem Vater, der neben seiner Tätigkeit als Viehbauer, Händler und später Tischler, auch als „Ashok“ (Barde/ Geschichtenerzähler) wirkte.[100]

Aus Gurdjieffs Buch „Meetings with Remarkable Men“ („Begegnungen mit bemerkenswerten Menschen“) sind Informationen über die erste Periode seines Lebens[101], seiner Jugendzeit in Kars und Tiflis, erhältlich und über die darauffolgenden Reisen nach Zentralasien, Tibet, Iran, Nordafrika und Europa, die er mit einer Gruppe Gleichgesinnter, den „Wahrheitssuchern“ („Seekers of the Truth“) als junger Erwachsener machte.

Die Erkenntnisse und Forschungsergebnisse dieser „Begegnungen“ synthetisierte Gurdjieff in seiner darauf folgenden frühen Lehrperiode ab 1912 in Moskau und St. Petersburg zu einem umfassenden psychologischen und kosmologischen Entwurf, der von 1914–1922 vom russischen Schriftsteller und Mathematiker P. D. Ouspensky (1878–1947) in Form seines Werkes „Auf der Suche nach dem Wunderbaren“[102] dokumentiert wurde.

1917 schlossen sich in St. Petersburg der Komponist Thomas de Hartmann und seine Frau Olga de Hartmann Gurdjieff an. Aus der Zeit 1917–1929 bietet ihr Buch „Our Life With Mr. Gurdjieff“ („Unser Leben mit Herrn Gurdjieff“) einen Einblick in die politischen Geschehnisse und äußeren Umstände, die Gurdjieff und seine Schüler*innen veranlassten, der russischen Revolution zu entfliehen. Nach vielen Zwischenstationen in Alexandropol, Essentuki, Tuapse und Sochi ließ sich Gurdjieff mit seinem verbleibenden Kreis 1919 in Tiflis nieder.

[100] Vgl. Savchenko/Rovner/Rizhov 2011: http://gurdjieffclub.com/de/about-gurdjieff

[101] Vgl. Gurdjieff 2013, S. 46ff

[102] Ouspenskys Werk „In Search of the Miraculous. Fragments of an Unknown Teaching”“ wurde 1949 posthum veröffentlicht. Siehe Ouspensky 2010

Hier lernte er durch die De Hartmanns den Maler und Bühnenbildner Alexandre de Salzmann[103] (1874–1934) und seine Frau Jeanne kennen. Jeanne de Salzmann leitete in Tiflis eine Schule für Rhythmische Gymnastik nach Jaques-Dalcroze und willigte ein, dass Gurdjieff mit ihren Schüler*innen Movements-Klassen abhielt.

Mit der Unterstützung der De Hartmanns und De Salzmanns gründete Gurdjieff das „Institut für die harmonische Entwicklung des Menschen" in Tilfis, welches er durch die Verschlechterung der sozialpolitischen Umstände in der Sowjetunion nach einem halben Jahr im Frühling 1920 wieder auflösen musste. Mit einer Gruppe von mittlerweile 30 Schüler*innen ließ er sich in Konstantinopel (Istanbul) nieder, reiste aber mit ihr im August 1921 durch Vermittlung von Alexandre De Salzmann nach Berlin, um in Hellerau sein Institut wieder zu eröffnen. Trotz der Unterstützung von Harald Dohrn gelang es Gurdjieff nicht, in Hellerau Fuß zu fassen. Nach einem Kurzaufenthalt in London erreichte er mit seinen Schüler*innen im Sommer 1922 schließlich Paris. In den ersten Monaten stellte Jaques-Dalcroze Gurdjieff die Räumlichkeiten seines Instituts zur Verfügung bis Gurdjieff im Oktober die Prieuré in Fontainebleau-Avon, ein Chateau auf einem großzügigen Grundstück, kaufte und dort sein „Institut für die harmonische Entwicklung des Menschen" wiederaufbaute.

1924 unternahm Gurdjieff mit ausgewählten Schüler*innen seine erste Reise in die USA, um dort öffentliche Demonstrationen seiner Heiligen Tänze, der „Movements", zu geben. Bis 1933 folgten weitere fünf USA-Aufenthalte mit dem Ziel, seine Arbeit dort bekannt zu machen.

---

[103] Der russische Maler und Lichtexperimentator Alexandre de Salzmann (Alexander von Salzmann) war in Hellerau in der Zeit von 1910–1914 einer der engsten Mitarbeiter von Emile Jaques-Dalcroze und arbeitete als Beleuchtungsarchitekt und Assistent von Adolphe Appia. Er lernte dort Jeanne Allemand kennen, welche in Hellerau ihr in Genf begonnenes Studium in rhythmischer Gymnastik fertig studierte und als Tänzerin bei Aufführungen mitwirkte. Die beiden heirateten nach dem Abschluss von Jeannes Ausbildung im Jahr 1912. Quelle: The Gurdjieff Legacy Foundation 1996ff: http://www.gurdjiefflegacy.org/archives/alexanderdesalzmann.htm

Die zehn Jahre zwischen 1925 und 1935 widmete Gurdjieff der Niederschrift seiner Ideen. Sein Hauptwerk „Beelzebubs Erzählungen für seinen Enkel – Eine objektiv unparteiische Kritik des Lebens des Menschen“ entstand: In diesem erläutert er seine psychologischen und kosmologischen Ansätze in Form eines über 1200 Seiten umfassenden Science-Fiction-Romans. Aus Geldnot musste Gurdjieff 1933 das Institut in der Prieuré schließen, trat kurz darauf seine siebente Reise in die USA an und erschien nach Aufenthalten in Deutschland, der Sowjetunion und in Zentralasien 1935 schließlich wieder in Paris.
Trotz der politischen Umstände blieb Gurdjieff bis zu seinem Tod 1949 in Paris. Schon in seinen Siebzigern, hielt er weiterhin individuelle Beratungen in seiner kleinen Wohnung in der Rue des Colonels-Rénard ab und unterrichtete neue Reihen von Tänzen und Movements in der Salle Pleyel.
Am 14. Oktober 1949 kollabierte Gurdjieff während einer Movements-Klasse. Sein Gesundheitszustand verschlechterte sich drastisch, er starb am 29. Oktober im Amerikanischen Spital in Neuilly.

Jeanne de Salzmann nahm von 1919–1949 an jeder Form der Verbreitung von Gurdjieffs Werk teil, trug während der letzten zehn Jahre seines Lebens sogar die Verantwortung für seine Gruppen und wurde somit seine wichtigste Nachfolgerin. Sie dokumentierte Gurdjieffs Vorträge im Buch „Views from the Real World“[104] („Aus der wirklichen Welt“) und in ihren persönlichen Notizbüchern, welche posthum im Buch „The Reality of Being – The Fourth Way of Gurdjieff“ zusammengefasst veröffentlicht wurden.
Gurdjieff hinterließ gemeinsam mit dem Eneagramm und einer Vielzahl von „Inneren Übungen“ eine Methodik für eine „Evolution des Bewusstseins“, die durch die von Jeanne de Salzmann konservierten Movements und die Co-Kompositionen mit De Hartmann bis ins 21. Jh. lebendig geblieben sind.

[104] Diese Sammlung wurde erst 1973 veröffentlicht. Sie wird durch den Verlag missverständlich unter Gurdjieffs Werke gereiht, obwohl es sich um eine Zusammenstellung seiner Vorträge zwischen 1914 und 1930 durch De Salzmann handelt. Siehe Gurdjieff 1991

4.2 Selbst-Bewusstsein – Selbst-Bewusstheit

Wie schon in Kapitel 2.3.2 angedeutet, stellt der Ansatz Gurdjieffs einen Weg dar, dessen Ausgangspunkt – wie bei Konrad – der Körper ist, dessen Ziel jedoch nicht ein „Leibbewusstsein", sondern das „Bewusstsein seines Selbst" darstellt. Dieses Bewusstsein ist nicht zu verwechseln mit dem „Selbstbewusstsein" im Sinne des Selbstwertes oder mit dem Reflexionsvermögen, sich persönlicher Eigenschaften bewusst zu sein. Obwohl das einfache „Bewusstsein seiner selbst" Vorraussetzung für dieses „Selbst-Bewusstsein" ist, meint Gurdjieff mit dem Selbst etwas, das sich vom gewöhnlichen Sprachgebrauch dieses Wortes unterscheidet. Zum Verständnis ist eine grundlegende Unterscheidung in der Beschreibung der „Strukturen" des Menschen notwendig.

Gurdjieff differenziert zwischen „Selbst"/Wesen und „Persönlichkeit", eine Abgrenzung, wie sie auch in einigen Strömungen der gegenwärtigen Psychotherapie[105] üblich ist. Der organische Körper bildet den dritten, die Persönlichkeit und das Wesen manifestierenden „Bestandteil" des Menschen. „Dieser ist das Instrument, wodurch alle Austauschvorgänge zustande kommen, die das Leben ermöglichen."[106]

Im Folgenden wird analysiert, wie Körper, Selbst und Persönlichkeit bei Gurdjieff in Beziehung stehen und welches Ziel diese Differenzierung hat.

4.2.1 Das Selbst

In früher Literatur über die Ideen Gurdjieffs sind vorwiegend die Begriffe „Kern", „Wesen" oder „Wesenskern" zu finden, die sich von dem Aspekt der „Persönlichkeit" abgrenzen. In der Breema-Philosophie wird das Selbst oft auch als die „wahre Natur" oder als „child of Existence"[107] bezeichnet, in den Büchern des deutschen Gurdjieff-Forschers Bruno Martin wird es, angelehnt an den Gurdjieff-Schüler J. G. Bennett, „wah-

[105] Vgl. Stumm/Pritz 2009, S. 621f

[106] Vaysse 1985, S. 117

[107] Vgl. Schreiber 2015, S. 21

res Selbst“ oder „wirkliches Ich“ genannt. Die Begriffsinhalte sind jedoch identisch. Das Selbst des Menschen ist *sein Eigenes*, sein *inneres* Wesen, der Kern seiner *Individualität* und es enthält den Keim seiner eigentlichen Qualitäten.[108]

Zu diesem Selbst gehören drei Aspekte: Körper, Gefühle und Verstand. Sie konstituieren sozusagen das Selbst. Diese drei Aspekte bilden im Menschen drei Schwerpunkte, die Gurdjieff als „Gehirne“ oder „Zentren“ bezeichnete. Der Begriff der „Gehirne“ weist auf die vielen Funktionen dieser drei Zentren hin: Sie sind zugleich Empfangsgeräte, Sender, Umwandler/Wähler und Aufzeichner. Die Funktion des Aufzeichnens stellt hier den direktesten Bezug zum Selbst her: Gurdjieff verglich diesen Vorgang der Aufzeichnung mit den damals verwendeten Wachswalzen, den Vorgängern der Schellackplatten, die um die Jahrhundertwende zur Tonaufzeichnung benutzt wurden. Diese Walzen entsprechen den heute gebräuchlichen Festplatten zur digitalen Aufzeichnung. Die Festplatten/Walzen der Zentren stellen in ihrer Gesamtheit das Selbst dar, während die aufgezeichneten Inhalte die Persönlichkeit konstituieren: Das Selbst ist somit das *Aufzeichnende*, die Persönlichkeit das *Aufgezeichnete*.

4.2.2 Die Persönlichkeit

Die Persönlichkeit (aus dem lateinischen *Persona* – Maske) ist jene Struktur des Menschen, die *nicht sein Eigenes* ist. Sie umfasst alles, was er von *außen* erhielt, was er gelernt hat oder widerspiegelt: die Sprache und die Bewegungen, die ihm beigebracht wurden, alle Gefühle, die durch Nachahmungen geschaffen wurden, alle Spuren, die äußere Eindrücke in seinem Gedächtnis und in seinen Empfindungen hinterlassen haben.[109]

Die Persönlichkeit unterscheidet sich vom Selbst dadurch, dass sie durch äußere Einflüsse oder künstliche Mittel nahezu gänzlich verändert, be-

[108] Vgl Ouspensky 2010, S. 235ff

[109] Vgl. ebd., S. 235

schädigt, verloren, verbessert oder gestärkt werden kann.[110] Sie entsteht im Spannungsfeld von Sozialisation und Interaktion und stellt als Produkt dessen die „Rolle“ dar, die ein Mensch in der Gesellschaft einnimmt:

> „Die Persönlichkeit entwickelt sich unter dem Einfluss äußerer Umstände (Ort, Zeit und Milieu), von denen sie fast völlig abhängt.“[111]

In der Breema-Philosophie wird die Persönlichkeit aus diesem Grund „child of society“ genannt. Dieses „Kind der Gesellschaft“ überdeckt im Laufe der kindlichen Entwicklung das „Kind der Existenz“, das Selbst. Die Gedanken, Wahrnehmungen und Einstellungen, die die Persönlichkeit konstituieren, sind in der Breema-Philosophie eine Ansammlung von Informationen, die sich ohne „Verifikation durch das Selbst“ zu eigen gemacht wurden.[112]

4.2.3 Die Entwicklung des Selbst-Bewusstseins

> „Ein kleines Kind hat noch keine Persönlichkeit. Es ist, was es wirklich ist. Es ist Kern. […] Aber sobald die sogenannte ‚Erziehung' beginnt, fängt die Persönlichkeit zu wachsen an. […] Je mehr die Persönlichkeit wächst, desto seltener und schwächer äußert sich der Kern, und sehr oft geschieht es, daß der Kern sein Wachstum in einem sehr frühen Lebensalter einstellt und nicht mehr weiterwächst.“[113]
>
> „Alle diese durch Erziehung, Nachahmung […] und Einbildung erworbenen Merkmale nehmen einen immer breiteren Raum ein; und je mehr diese künstliche Persönlichkeit wächst, umso […] indirekter und schwächer tut sich das Wesen kund.“[114]

---

[110] Vgl. Vaysse 1985, S. 117
[111] Ebd., S. 117
[112] Vgl. Schreiber 2015, S. 62
[113] Ouspensky 2010, S. 236
[114] Vaysse 1985, S. 119

Aus diesen Zitaten wird klar, dass Bewusstseinsbildung bei Gurdjieff nicht die Entwicklung der Persönlichkeit, sondern eine Bewusstwerdung und Weiterentwicklung des Selbst darstellt. Der erste Schritt auf diesem Weg ist die Differenzierung zwischen Selbst und Persönlichkeit durch die Selbst-Beobachtung im täglichen Leben. Die Mechanismen oder Rollen der Persönlichkeit sind Ausdruck der jeweiligen Arbeit der Zentren und stellen das „Material" dar, auf das sich die Selbst-Beobachtung gründet. „Ohne einige Wissensvorräte, ohne eine gewisse Menge Materials, das ‚nicht sein Eigenes' ist, kann ein Mensch nicht beginnen, an sich selbst zu arbeiten, [...] einfach weil [...] kein Motiv für ihn da ist, eine solche Arbeit zu unternehmen."[115]

Die Persönlichkeit, welche bei den meisten Menschen das aktive Element darstellt, verdeckt mit ihren Rollen und Mechanismen das Selbst, welches das passive Element bildet. Die Bewusstseinsbildung Gurdjieffs setzt an dieser Dynamik an. Durch Beobachtungs- und Aufmerksamkeitsübungen beginnt der Mensch zwischen Selbst und Persönlichkeit zu unterscheiden und bringt dadurch das Selbst zunehmend in einen aktiven Zustand, während die Persönlichkeit in den Hintergrund treten kann.

4.3 Die drei Zentren des Menschen

Da „Persönlichkeit" und „Selbst" anfänglich noch recht abstrakte Begriffe sind, stellt Gurdjieff ein System vor, welches den Zugang zum Selbst ermöglicht und unterstützt. Dazu werden alle Aspekte, die das Selbst konstituieren, definiert und separat untersucht. Diese drei Aspekte sind durch ihre erlebnisorientierte Definition einfach zu erfassen: Aus ihren Funktionen „Denken", „Fühlen" und „Bewegen", welche jedem Menschen zugänglich sind, beschreibt Gurdjieff drei wesentliche „Zentren". Sie durchdringen zwar den gesamten Organismus, bilden jedoch durch ihre unterschiedlichen Schwerpunkte im Menschen unabhängige „Örtlichkeiten" oder – wie Gurdjieff sie ursprünglich nannte – „Gehirne".

[115] Ouspensky 2010, S. 239

Bei der Erforschung dieses Entwurfs in der Sekundärliteratur erscheint eine unterschiedliche Anzahl von Zentren, welches sich darauf begründet, dass Gurdjieff im Laufe seiner frühen Lehrtätigkeit einzelne Zentren neu unterteilte und „höhere Zentren" hinzufügte. In Gurdjieffs Hauptwerk „Beelzebubs Erzählungen für seinen Enkel" stellt er den Menschen allerdings wieder als „dreihirniges Wesen"[116] dar.
In Ouspenskys Werk „Auf der Suche nach dem Wunderbaren", welches die frühen Lehrinhalte Gurdjieffs ab 1914 widerspiegelt, ist die Wurzel zu finden, auf der die Unterteilung in drei Zentren fußt. Es ist die „Lehre der vier Körper", die Gurdjieff bei seinen Forschungsreisen in Asien entdeckt hatte und 1915 in St. Petersburg vorstellte.[117] Demnach ist der Mensch in einen physischen, einen emotionalen und einen mentalen Körper unterteilt, welchen der kausale Körper als Träger des Bewusstseins/des Ichs (Selbst) übergeordnet ist.[118]

Im Folgenden werden die drei Zentren aus dem Blickwinkel unterschiedlicher Autoren und hinsichtlich ihres Schwerpunkts und ihrer Funktion beleuchtet.
Gurdjieff hat mit seiner Unterscheidung der drei „Gehirne" die Aufteilung in drei Gehirnsysteme, welche heute in vielen Theorien der Hirnforschung etabliert ist, bereits vor 100 Jahren indirekt beschrieben.[119] Diese Parallelen werden im Anschluss an die Untersuchung der drei Zentren aufgezeigt.

---

[116] Vgl. Gurdjieff 2010 (Erstes Buch), S. 64f

[117] Vgl. Ouspensky 2010, S. 57f. Anm.: Ouspensky zieht im Entwurf der „vier Körper" Parallelen zur theosophischen Lehre, welche in St. Petersburg Anfang des 20. Jhdts. in den intellektuellen Kreisen bereits weit verbreitet war. Vgl. Petsche 2011 (Artikel über Gurdjieff und Blavatsky)

[118] Vgl. Ouspensky 2010, S. 58. Anm.: Auf die Lehre der vier Körper stützt Gurdjieff auch seinen „Vierten Weg". Während beim Weg des Fakirs, des Mönchs und des Yogi immer nur ein Körper entwickelt wird, setzt der vierte Weg bei der Bildung des Selbst an, welches durch Integration der drei anderen Körper erreicht wird.
Vgl. Ouspensky 2010, S. 63ff

[119] Martin 2011, S. 57

4.3.1 Das Bewegungszentrum

Alle drei Zentren des Menschen sind Funktionszentren des *physischen* Körpers.[120]

Folglich ist die Körperbildung (im Sinne einer Bewusstwerdung der Funktionen des Körpers) für die Bewusstseinsbildung bei Gurdjieff essentiell. Die Basis hierfür bildet die Schulung des Bewegungszentrums.

In Aufzeichnungen aus der frühen Lehrtätigkeit Gurdjieffs vereint sich laut Ouspensky das Bewegungszentrum gemeinsam mit dem „instinktiven Zentrum“ und dem „Geschlechtszentrum“ in einer gemeinsamen „Abteilung“.

Jean Vaysse nennt diese „Abteilung“ in seinem Buch „Unterwegs zum Selbst – Begegnung mit der Lehre Gurdjieffs“ den „organischen Teil“. Das „Gehirn“ als Schwerpunkt dieses organischen Aspekts befindet sich nach Vaysse im Zentralnervensystem/Rückenmark und kann in der Wirbelsäule „empfunden“ werden.

Bruno Martin lokalisiert das Bewegungszentrum in seinem „Gurdjieff Praxisbuch“ einerseits im „Reptiliengehirn“[121], dem Kleinhirn und Rückenmark, in seinem Buch „Auf einem Raumschiff mit Gurdjieff“ wiederum im Stammhirn[122].

Gurdjieff ordnet in seinem unvollendeten Buch „Life Is Real Only Then, When ‚I Am'“ dem Bewegungszentrum auch die Fähigkeit der *Empfindung* und als „initiativen Faktor“ die „motorischen Nervenknoten des Rückenmarks und von Teilen des Gehirns“[123] zu.

Die Funktion des motorischen Zentrums ist zwar primär die äußere Bewegung wie Gehen, Schreiben, Sprechen und Kauen, für die Schulung der Selbstbeobachtung ist jedoch die Körperempfindung von größerer Bedeutung. Die physische Selbstempfindung, wie das Wahrnehmen von

---

[120] Vgl. Ouspensky 2010, S. 59 und 77

[121] Vgl. Martin 2011, S. 57. Mit diesem Ausdruck bezieht sich Martin wahrscheinlich auf das „Reptiliengehirn“ MacLeans, dessen Konzept in Kapitel 4.3.4 erläutert wird.

[122] Vgl. Martin 2014, S. 48. Das Stammhirn beinhaltet jedoch das Zwischenhirn, welches mit seinen Anteilen Hypothalamus und Hypophyse dem Gefühlszentrum zugeordnet wird. Siehe Kapitel 4.3.4

[123] Gurdjieff 2011, S. 70

Haltung, Spannung, Entspannung und Position als Vorraussetzung für das apperzeptive Ausführen von Bewegungsabläufen stellt eine der Kernprozesse für die Bildung von Selbst-Bewusstsein dar. Die primäre Schulung dieser differenzierten Wahrnehmung bildet die tägliche Praxis. Gurdjieff forderte von Beginn seiner Lehrtätigkeit an seine Schülerinnen und Schüler auf, die alltäglichen Handlungen hinsichtlich ihrer „Automatisierungen" zu untersuchen. Die motorischen Gewohnheiten stellen für Gurdjieff eines der Hindernisse dar, die den Zugang zum Selbst verschleiern. Je *automatischer* eine Handlung/Bewegung ausgeführt wird, desto *unbewusster* gestaltet der Mensch sein Leben. Einfache Übungen wie ein Seitenwechsel bei einer Ausführung oder die Wahrnehmung der Körperhaltung bei einer praktischen Arbeit sollen eine Durchbrechung dieser Mechanisiertheit bewirken. In der Prieuré, Gurdjieffs „Institut für die harmonische Entwicklung des Menschen", räumten aus diesem Grund handwerkliche und Haushaltsarbeiten den gleichen Stellenwert für die „Arbeit an sich selbst" ein wie das tägliche Praktizieren von „Movements" und „Inner Exercises".

4.3.2 Das Gefühlszentrum

Das Gefühls- oder Fühlzentrum wird bei Vaysse „affektiver Teil" genannt. Nach Vaysse ist er in mehrere Aspekte geteilt, „deren Örtlichkeiten entsprechend ihren besonderen Funktionsabläufen auseinandergehen, die jedoch eng miteinander verbunden sind, so dass sie als Ganzes funktionieren"[124]. In seiner Gesamtheit wird sein „Gehirn" durch das vegetative oder neurohormonale Nervensystem gebildet, die wichtigsten Teile ortet Vaysse im Sonnengeflecht. Diese Beschreibung entspricht den Erläuterungen Gurdjieffs in seinem Buch „Beelzebubs Erzählungen für seinen Enkel". Darin ist das Gefühlszentrum als „drittes Seins-Gehirn" nicht in einer zusammenhängenden Masse, sondern in einzelnen Teilen lokalisiert, die verschiedenen spezifischen Funktionen entsprechen und an verschiedenen Stellen des Körpers zu verorten sind. Die meisten Teile

[124] Vaysse 1985, S. 80

dieses „Seins-Gehirns“ sind jedoch im Solarplexus vereint.[125]
In einem späteren Vortrag Gurdjieffs in „Life Is Real Only Then, When ‚I Am'“ wird die Aktivität des Gefühlszentrums durch Nervenknoten des sympathischen Nervensystems bestimmt, deren „Hauptverdichtung“ der Solarplexus darstellt.[126]
Auf neuronaler Ebene ordnet Martin dem Gefühlszentrum das limbische System und das Zwischenhirn[127] (mit Thalamus, Hypothalamus und Hypophyse) zu.
Die Funktion dieses Zentrums ist das Fühlen, die Gefühlsempfindung. Vaysse unterscheidet unter den Gefühlsvorgängen in „teilhafte Affekte“ und „Gesamtaffekte“[128]. Teilhafte Affekte sind automatische, reaktionsartige Emotionen, die völlig von der Persönlichkeit des Menschen, seiner „Rolle“, abhängen. Gesamtaffekte nennt Vaysse hingegen „echte Gefühlsempfindungen“, die dem umfassenden Dasein eines ausgebildeten „Selbst“ innewohnen. Diese Differenzierung ist für die Selbst-Beobachtung von großer Bedeutung. So kann anhand der Qualität eines Affekts registriert werden, ob es sich um eine emotionale Reaktion der Persönlichkeit oder um eine Empfindung aus dem „Selbst“ handelt.
Gefühle, die der Persönlichkeit entspringen, zeigen sich als Beurteilung, Vorliebe und Abneigung. Auch in der Breema-Philosophie werden die Gefühle als „reagierender“ Aspekt dargestellt. Demnach beruhen Gefühle und Gedanken auf der subjektiven Beziehung zu Vergangenheit und Zukunft.[129] Ein großer Teil dieser inneren Prozesse schwankt also zwischen Zustimmung und Ablehnung hin und her und kreist um vergangene und mögliche zukünftige Erlebnisse. Von diesen inneren Bewegungen unterscheidet sich die „echte Empfindung“. Sie hat keine Bewertung in sich und demnach keine negative Beurteilung. „Eine echte Empfindung kann mehr oder minder intensiv, größer oder weniger groß sein; andern-

[125] Vgl. Gurdjieff 2010 (Erstes Buch), S. 158f
[126] Vgl. Gurdjieff 2011, S. 70
[127] Vgl. Martin 2011, S. 57
[128] Vgl. Vaysse 1985, S. 90
[129] Vgl. Schreiber/Berezonsky 2003, S. 57

falls existiert sie nicht."[130] Bei Gurdjieff ist die erste „echte" Gefühlsempfindung auf dem Weg der Bewusstwerdung die Empfindung des „Selbst". Diese wird erfahrbar, wenn alle Zentren synchron miteinander arbeiten.
Gurdjieff entwickelte Übungen und Bewegungen, die diese Zusammenarbeit herstellen: die „Inner Exercises" und „Movements". Die psychische Selbstempfindung und die bewusste Beobachtung und Differenzierung von Gefühlen bleiben jedoch die Hauptprozesse in der Erforschung des Gefühlszentrums und seiner Funktionen.

4.3.3 Das Denkzentrum

Das Denkzentrum, bei Vaysse das „intellektuelle Zentrum" genannt, ist in jeder Literatur im Kopf lokalisiert. Martin ordnet diesem Zentrum den Neokortex als „Gehirn" zu.[131]

Die Funktion des Denkzentrums ist das Denken. Mit ihm laufen alle Prozesse des Verstandes ab: die Aufnahme intellektueller Daten, Analyse, Vergleich und Ausarbeitung von Ideen, Überlegungen und Vorstellungen sowie deren Aufzeichnung im kognitiven Gedächtnis.[132] All diese Prozesse beruhen auf dem System der Bejahung und Verneinung. „Der Intellekt empfängt Daten, vergleicht sie mit dem, was er kennt, koordiniert, stellt fest und sieht voraus."[133]
Wie auch beim Bewegungszentrum handelt es sich bei Gurdjieff jedoch bei den meisten der alltäglichen Denkprozesse um Abläufe mechanischer Natur. Ein automatisches Aufsteigen von Vorstellungen während eines Eindrucks, der stetige Gedankenfluss, die ständigen Assoziationen und systematisch reaktiven Vergleiche und Antworten, die der Verstand kreiert, machen das Denkzentrum zu einem „Verschiebebahnhof". Eigenständige Gedanken und Ausarbeitungen, bewusste Überlegung und Vor-

---

[130] Vaysse 1985, S. 91
[131] Vgl. Martin 2011, S. 57
[132] Vgl. Vaysse 1985, S. 89
[133] Ebd., S. 89

ausdeutung können nur entwickelt werden, wenn die reaktionsartigen und automatischen Prozesse des Denkzentrums bewusst gemacht und gestoppt werden. Dies geschieht einerseits durch die Selbstbeobachtung im Alltag, die effektivste Wirkung haben allerdings die „Movements" mit ihren hochkoordinativen und oft „mathematischen" Bewegungsvorgaben, die jegliches automatische Denken unmöglich machen.
Auch Breema, welches an der Philosophie Gurdjieffs ansetzt, bietet mit seiner Körperarbeit eine Möglichkeit, den „Verstand zum Körper zu bringen" und automatisiertes, unbewusstes Handeln bewusst zu machen. Durch seine klar strukturierten Behandlungsabfolgen und das Mitzählen von Atemzügen und Bewegungen werden die Gedanken „eingeladen", sich am Geschehen zu beteiligen.
Näheres zur Wirkungsweise der „Movements" wird im Kapitel 4.4.1.3, zu Breema im Kapitel 4.4.3 erläutert.

4.3.4 Die drei Zentren aus neurowissenschaftlicher Sicht

> „Die Funktionen sind uns leichter zugänglich als die Zentren, und nur mit ihnen kann die Selbsterforschung beginnen: sie sind unsere Erscheinungsweise in der Welt, und daher können wir sie beobachten."[134]

Durch die Gewichtung auf die Funktionalität der Zentren kann der Entwurf Gurdjieffs aus einem neurowissenschaftlich gestützten Blickwinkel betrachtet werden. Die Theorien des Neurobiologen Gerald Hüther lassen sich hierfür in einen direkten Bezug zu den Ansätzen Gurdjieffs setzen.

Wie in Kapitel 4.3.1 angedeutet, stellen die drei Zentren bei Gurdjieff Funktionszentren des *physischen* Körpers dar. Da Körper und Gehirn eine untrennbare, funktionelle Einheit bilden[135], kann jedem Zentrum ein Areal/eine Struktur im Gehirn zugeordnet werden.

---

[134] Vaysse 1985, S. 79

[135] Vgl. Hüther „Wie Embodiment neurobiologisch erklärt werden kann" in: Storch 2010, S. 75

Die in den Kapiteln 4.3.1, 4.3.2 und 4.3.3 angegebenen Zuordnungen Bruno Martins[136] basieren auf dem Schichtenmodell[137] des Hirnforschers Gerald Hüther, welchem wiederum das Konzept des „dreieinigen Gehirns" (englisch: *triune brain*) des amerikanischen Neurologen Paul D. MacLean[138] zugrunde liegt.

Das Schichtenmodell Hüthers gliedert sich in drei Systeme:

1. *Hirnstamm* („Reptiliengehirn"), bei MacLean zusammen mit Zwischenhirn und Stammganglien *protoreptilisches Gehirn* genannt
2. *Limbisches System* („Vogel- und Säugetiergehirn"), MacLeans *paläomammalisches Gehirn*

---

[136] Anm.: Bruno Martin stellt dieses Modell in seinem Buch „Gurdjieff Praxisbuch" (2011) vor, gibt allerdings keine direkten Quellenangaben an. Da seine Beschreibungen dem Modell Hüthers ähneln und da er Hüther unter „Weitere Werke, die in diesem Buch zitiert werden" auflistet, ist abzuleiten, dass Martin sein Modell von Hüther übernommen hat.

[137] Abbildung in Hüther in: Storch 2010, S. 85

[138] Vgl. Schmidt/Thews 1993, S. 380ff. Anm.: Weder bei Martin noch bei Hüther wird MacLean erwähnt, aus diesem Grund soll hier kurz der Stellenwert MacLeans Theorie in der Neurowissenschaft erörtert werden. Paul D. MacLean (1913–2007) stellte 1949 in der *Psychosomatic Medicine* erstmals seine Theorie des „viszeralen Gehirns" (englisch: *visceral brain*) vor, welches er 1952 in einem Artikel in „limbisches System" umbenannte. Dieser Begriff prägte die Neurophysiologie stark und wird nach wie vor in Lehrbüchern als physiologische Grundlage zum Verständnis artspezifischer und emotionaler Verhaltensweisen verwendet. 1970 stellte MacLean schließlich in einer Publikation der Rockefeller University seinen Entwurf des *triune brain* vor. Er teilte darin das Gehirn nach funktionellen, entwicklungsgeschichtlichen, ethologischen und neuroanatomischen Gesichtspunkten in drei Systeme ein. Nach seiner Theorie unterscheiden sich diese drei „Gehirne" anatomisch und funktional grundlegend voneinander und haben sich in der Evolution nacheinander entwickelt. Sie stellen ein bildliches Modell über den hierarchischen Aufbau von Gehirn und Verhalten dar. Durch seine Feststellung, dass diese drei Teile relativ wenig Verbindungen untereinander aufweisen und fast unabhängig voneinander arbeiten, wurde sein Buch *The Triune Brain in Evolution* (1990) von Seiten der Neurobiologie heftig kritisiert. Die Theorie des dreieinigen Gehirns bildet jedoch nach wie vor die Grundlage vieler Coaching-Methoden, so wie der Cranio-Sacral-Therapie nach Upledger. Bekannte Kritiker MacLeans Entwürfe sind die Hirnforscher Gerhard Roth und Antonio Damasio.

3. *Großhirnrinde* („Primatengehirn"), *neomammalisches Gehirn*, bei MacLean nur aus dem *Neocortex*[139] bestehend

Dem *Hirnstamm* werden als ältestem Gehirnteil Reflexe, Instinkte und Regelkreise zur Steuerung körperlicher Prozesse zugeordnet. Bei MacLean integriert das protoreptilische Gehirn „stereotype, angeborene Verhaltensweisen […], die wichtig zum Überleben sind. Es zeichnet sich durch einen Mangel an Flexibilität aus und ist deshalb an eine stabile Umwelt gebunden."[140]

Das *limbische System*[141] ist nach MacLean „der erste Versuch in der Natur, Bewusstsein zu entwickeln"[142]. Von ihm auch als „viszerales Gehirn" bezeichnet, erhält es Informationen aus dem Körperinneren und verknüpft sie mit Affekten zu Gedächtnisinhalten. In Hüthers Modell ist das limbische System für Gefühle, Stimmungen, Ausdrucksverhalten und Anpassungsreaktionen verantwortlich.

Der *Neocortex* ist bei Hüther für das Denken, das bewusste Erleben, die Sprache, die Handlungsplanung, die willkürlichen Bewegungen und die „Kosten-Nutzen-Analyse" zuständig. Nach MacLean analysiert das neomammalische Gehirn Signale aus der Umwelt im zeitlich-räumlichen

---

139 Vgl. Schmidt/Thews 1993, S. 381 und S. 135. Anm.: Der Neocortex ist bei der vorgestellten Aufteilung in drei Systeme die neuroanatomisch richtige Bezeichnung und wird folglich im weiteren Verlauf verwendet. Die von Hüther angegebene Grosshirnrinde (Cortex) umfasst den *Neocortex*, der mehr als 90% beim menschlichen Gehirn ausmacht, phylogenetisch jünger ist und erst bei Säugern auftritt, und den *Allocortex*, welcher den entwicklungsgeschichtlich älteren Teil bildet. Da das limbische System kortikale Teile des Allocortex und das Corpus amygdaloideum (ein Rindenabkömmling des Allocortex) enthält, würde die Zuordnung des „Primatengehirns" zum Cortex Teile des limbischen Systems einschließen. Diese Vermischung entspricht nicht dem Sinn der Theorie MacLeans.

140 Schmidt/Thews 1993, S. 381

141 Das limbische System wird aus phylogenetisch alten Teilen der Großhirnrinde (Allokortex) und den davon abstammenden subkortikalen Strukturen gebildet. Die kortikalen Anteile bilden Hippocampus, Gyrus parahippocampalis, Gyrus cinguli und alte Anteile des Riechhirns. Zu den subkortikalen Anteilen gehören das Corpus amygdaloideum (Amygdala, Mandelkern), die Septumkerne und Teile des Thalamus. Manche Autoren rechnen auch die Regio praeoptica und die Corpora mammilaria zum limbischen System. Vgl. Schmidt/Thews 1993, S. 380f

142 Ebd., S. 381

Koordinatensystem und entwirft und modifiziert Handlungsstrategien und Konzepte.[143]

Während MacLean mit dieser Strukturierung den hierarchischen Aufbau des Gehirns aufzeigen wollte, in welchem jede neue Schicht Verhaltensmuster der darunterliegenden überspielen kann, benutzt Hüther dieses Modell, um die primäre Reihenfolge aufzuzeigen, in der neuronale Verschaltungen im Verlauf der Hirnentwicklung entstehen. Dabei stellt er eine wichtige Funktion des Gehirns in den Vordergrund:

> „Die allererste und wichtigste Aufgabe des Gehirns ist (und bleibt zeitlebens) nicht das Denken, sondern das Herstellen, Aufrechterhalten und Gestalten von Beziehungen."[144]

In diesem Zusammenhang wird die Dreiteiligkeit des Gehirns zum Verständnis der ontogenetischen Hirnentwicklung in Bezugnahme zum System Gurdjieffs verwendet.

Die Entwicklung des Bewegungszentrums

Die ersten Beziehungen, die das Gehirn im Embryonalstadium knüpft, sind die vom Rückenmark und Gehirn aussprossenden Nervenzellfortsätze, die mit den Muskelzellen in Kontakt treten.[145] Schon ab der 7. Schwangerschaftswoche sind beim Embryo unkoordinierte Bewegungen in Form von Zuckungen zu beobachten. Gleichzeitig entwickeln sich die ersten sensorischen Bahnen und können Rückmeldung über den Dehnungszustand an das Gehirn liefern. Während der Embryo zunehmend seine Arme, Beine und seinen Rumpf bewegt, bahnen und stabilisieren sich die ersten Verknüpfungen zwischen den motorischen und sensorischen Bahnen, dem Rückenmark und später den übergeordneten, für die Bewegungskoordination zuständigen Schaltzentralen im Gehirn. „Von Anfang an findet Lernen im Gehirn also durch Nutzung und Übung der

---

[143] Vgl. Schmidt/Thews 1993, S. 381
[144] Hüther in: Storch 2010, S. 84
[145] Vgl. ebd., S. 83

entsprechenden Körperfunktionen statt."[146]

In gleicher Weise werden in diesem Stadium die neuronalen Verschaltungsmuster für die Steuerung und Koordinierung des inneren Milieus gebildet. Dazu gehören unter anderem die Regelkreise zur Regulation der Funktion von Organen, Drüsen, Blutkreislauf und Atmung. Über die Drucksensoren der Haut entsteht durch entsprechende Verschaltungsmuster ein inneres Bild der Beschaffenheit der Körperoberfläche. Die sogenannten „Körperrepräsentationen" bilden sich im Gehirn ab.

Die neuronalen Netzwerke, die diese Vorgänge koordinieren und kontrollieren, sind im Hirnstamm und Hypothalamus lokalisiert. Diese Bereiche sind bereits vor der Geburt weitgehend ausgereift.

Die Entwicklung des Gefühlszentrums

In einem zweiten Schritt werden diese ersten einfachen Regelkreise durch weiter aussprossende Nervenzellen auch innerhalb des Gehirns miteinander verbunden. Es entstehen dadurch übergeordnete Netzwerke, die „bewusstseinsfähig", aber noch nicht an Sprache gekoppelt sind.[147] Diese koordinieren die einfachen Regelkreise und stimmen ihre Aktivitäten aufeinander ab.

Ab dem Zeitpunkt der Geburt erhält das Kind zusätzlich zu den Signalen aus dem eigenen Körper zunehmend äußere Reize. Es erhält also nicht nur einen Eindruck von sich selbst, sondern auch von dem, womit es in Beziehung tritt und den Gefühlen, die dabei geweckt werden.[148] Diese Erfahrungen führen einerseits zur Repräsentation eines „Körpergefühls" im Gehirn, andererseits zu einer Herausbildung eines „impliziten Gedächtnisses". Eine Reaktion des Körpers kann folglich nicht nur durch einen äußeren Reiz, sondern auch durch eine Erinnerung an eine solche Reizantwort ausgelöst werden.

Dieses intensiv mit Hirnstamm und Hypothalamus kommunizierende Netzwerk wird unter dem Begriff „Limbisches System" zusammenge-

---

[146] Hüther in: Storch 2010, S. 83

[147] Vgl. ebd., S. 86

[148] Vgl. ebd., S. 89

fasst. Es prägt die Bedeutung der Informationen aus der Innen- und Außenwelt des Menschen und bestimmt damit so sein charakteristisches Verhalten.

Die ersten, auf der Körperebene verankerten emotionalen Reaktionsmuster des Gurdjieffschen Gefühlszentrums, die „teilhaften Affekte" und die „Gesamtaffekte", haben in dieser Entwicklungsphase ihren Ursprung. Die Gesamtaffekte lassen sich dem primären „Körpergefühl" zuordnen, welches aus der Beziehung zwischen Gehirn und eigenem Körper geformt wurde und als inneres Referenzsystem für die Bewertung von eigenen Erfahrungen dient. Die reaktionsartigen „teilhaften" Emotionen werden zunächst durch Beziehungserfahrungen mit der Mutter/der ersten Bezugsperson und so im ersten Vernetzungssystem zwischen „Innen" und „Außen", dem limbischen System, geprägt.[149] Das gesamte Repertoire an „teilhaften" Gefühlen, welche ja auch an eine gesellschaftliche Rolle geknüpft sind, entsteht jedoch erst mit der Entwicklung des assoziativen Cortex und der Sprache und ist somit an die Entwicklung des „Denkzentrums" gekoppelt.

Die Entwicklung des Denkzentrums

In weiterer Entwicklung kommt es zur Ausreifung neuronalen Verschaltungen mit dem Neocortex. Durch die Entwicklung des assoziativen Cortex und „der damit verbundenen Herausbildung kognitiver und selbstreflektiver Fähigkeiten kann sich das entwickeln, was wir als ein zunehmend differenzierter werdendes Selbstbild und in seiner bewusst reflektierten Form als Ich-Bewusstsein bezeichnen"[150].

Für die Bildung eines mentalen Bewusstseins hat die Entwicklung der Sprache eine große Bedeutung. Durch sie erhält die Bewertung des eigenen Denkens und Fühlens durch andere Personen eine immer stärker werdende Rolle.

Auch bei Hüther beginnt an diesem Punkt die erste Entfremdung von der ureigenen „inneren Wirklichkeit", die bei der körperlichen und emotio-

---

[149] Vgl. Hüther in: Storch 2010, S. 86

[150] Ebd., S. 87

nalen Entwicklung noch größtenteils aufrecht erhalten werden kann. Die Beziehungserfahrungen werden nun zunehmend von anderen Menschen, deren Verhaltensweisen, Zuschreibungen, Vorstellungen und Bewertungen bestimmt. Passen die durch diese Interaktionen neu entstandenen Verschaltungsmuster nicht mehr zu den älteren Erfahrungen, kommt es zu einer Entfremdung vom „Körpergefühl". Laut Hüther führt dieser Anpassungsprozess an ein äußeres Wertesystem zu einem Verlust der Verbindung zum eigenen Körper. Dieser Prozess entspricht der „Überbildung" des Selbst durch die Rollen der Persönlichkeit bei Gurdjieff.

Die Wiederherstellung der Beziehung zu den Funktionen des Körpers, dem Bewegen, dem Fühlen und dem Denken, ist auch Gurdjieffs Anliegen und stellt den zentralen Ansatz dar, um sich „seiner selbst" zu erinnern und bewusst zu werden. So kann das differenzierte Arbeiten und Synchronisieren der einzelnen Zentren neue Verknüpfungen entstehen lassen, die einen Einfluss auf das gesamte Bewusstsein haben.
Auch Hüther postuliert, dass sich der Mensch zu jedem Zeitpunkt seines Lebens neu „konstruieren" kann, in dem er verinnerlichte oder erlernte, alte motorische oder affektive Muster verlassen kann. Gelingt es, auf einer dieser Ebenen ein neues Muster auszubilden, „werden alle anderen Ebenen davon gleichsam ‚mitgezogen'"[151].

[151] Hüther in: Storch 2010, S. 92, siehe auch Kapitel 6.2.2

4.4 Selbst-Bewusstheit durch apperzeptive Propriozeption

In der Lehre Gurdjieffs stellt der grundlegende Zugang zu Bewusstheit die Selbst-Beobachtung dar. Die Hauptmethode der Selbstbeobachtung ist das „Registrieren", das unmittelbare Verzeichnen dessen, was im gegenwärtigen Augenblick stattfindet.[152] „‚Registrierung' […] ist das wichtigste Material in der Arbeit des Selbst-Studiums."[153]

Das Ziel der Selbst-Beobachtung ist zunächst die „Selbst-Erinnerung" und in weiterer Folge das dauerhaft verankerte Bewusstsein seines Selbst, die „Selbst-Bewusstheit". Jede Aktivität, jeder Augenblick bietet die Möglichkeit, sich seines Selbst bewusst zu werden, indem sich die Perzeption, die einfache Wahrnehmung, zur Apperzeption[154] (aus neulat. *adpercipere* – hinzuwahrnehmen), der bewussten Wahrnehmung, wandelt.

Wie in Kapitel 4.3 bereits angedeutet, ist der erste Schritt die Differenzierung zwischen „Selbst" und „Persönlichkeit" durch die Aufgliederung und dadurch getrennte Beobachtung der Funktionen *Bewegen*, *Fühlen* und *Denken*.
Während die Selbst-Beobachtung vor allem auf die Anwendung in Alltagshandlungen und -situationen ausgerichtet ist, kreierte Gurdjieff für das Selbst-Studium zusätzlich spezielle Übungen, welche die bewusste Wahrnehmung aktivieren und fördern. Die Übungen zur Entspannung und zur Verfeinerung und Differenzierung der Körper- und Selbstempfindung werden unter dem Namen „Inner Exercises" zusammengefasst, die Übungen zur Koordination der Zentren und zur Sensibilisierung der Raum- und Selbstwahrnehmung werden „Movements" genannt.

---

[152] Vgl. Ouspensky 2010, S. 152

[153] Ebd., S. 153

[154] Vgl. Gessmann 2009, S. 45: Der Begriff der *Apperzeption* wurde von Gottfried Wilhelm Leibniz (1646–1716) geprägt und bezeichnet eine Wahrnehmung, bei der mit dem Gegenstand der Wahrnehmung zugleich das Bewusstsein dieser Wahrnehmung, ein *Selbstbewusstsein*, gegeben ist.

Tritt zwar bei den „Movements" und „Inner Exercises" anfänglich die Wahrnehmung einzelner Funktionen in den Vordergrund, so dienen beide Praktiken schließlich dem gleichen Ziel wie dem der Selbst-Beobachtung: der Teilung der Aufmerksamkeit. Durch die Übung, zwischen der Tätigkeit von Bewegungs-, Gefühls- und Denkzentrum zu unterscheiden und weiters zwischen automatischen und bewussten Aktivitäten dieser Zentren zu differenzieren, wird die Fähigkeit erlangt, die Aufmerksamkeit zu trennen. Dies hat zur Folge, dass bei jeder Handlung oder Wahrnehmung, nun zwei Akteure ins „Licht des Bewusstseins" treten: das Ausgeführte/Beobachtete und das Selbst der ausführenden/beobachtenden Person. Die Teilung der Aufmerksamkeit ist bei Gurdjieff das „Hauptkennzeichen der Selbst-Erinnerung"[155].
Diese Fähigkeit der Differenzierung überträgt sich auch auf die Unterscheidung, ob eine Handlung, eine Gefühlsstimmung oder ein Gedankengang aus einem Impuls der Persönlichkeit oder des Selbst entspringt. Ist der „Sitz" des Selbst einmal lokalisiert und seine Wahrnehmung bewusst abrufbar, erfolgt als letzter Schritt der Selbst-Erinnerung die Desidentifikation von den Aktionen der Persönlichkeit. „Identifizierung ist das Haupthindernis für die Selbst-Erinnerung."[156] Die Desidentifikation von temporären Prozessen der Persönlichkeit ermöglicht eine stabile Verbindung mit dem Selbst, welche die Vorraussetzung für eine bleibende Selbst-Bewusstheit ist.

Der Vorgang der Desidentifikation wird wiederum vom Durchbrechen von Automatismen in Bewegungs-, Gefühls- und Gedankenprozessen unterstützt. Eine Hauptrolle bei der Auflösung dieser Muster und beim Herstellen von neuen neuronalen Verbindungen spielt in der Lehre Gurdjieffs das Training der Movements.

[155] Vgl. Ouspensky 2010, S. 172
[156] Ebd., S. 219

4.4.1 Gurdjieffs Movements

Movements stellen sich der betrachtenden Person als körperliche Übungen mit einer hohen Koordinationsleistung dar. Manche erscheinen als derwischartige Tänze, andere erinnern an Dalcroze-Bewegungsstudien, die ähnlich einer „bewegten Plastik" in geometrischen Gruppenchoreographien angeordnet sind. Movements sind jedoch mehr als nur körperliche Ausführungen. Sie erfassen den „ganzen" Menschen und haben zum Ziel, Bewegung, Gedanken und Gefühle nicht nur zu koordinieren, sondern auch zu synchronisieren und so das Erleben und Verinnerlichen einer „geeinten" Präsenz zu festigen.

4.4.1.1 Die Entstehung der Movements

Movements bzw. rhythmische Übungen wurden laut Ouspensky von Gurdjieff zum ersten Mal in Essentuki im Frühling 1918 unterrichtet: „Wir machten zu Musik rhythmische Übungen, Derwisch-Tänze, verschiedene Arten von Denkübungen, studierten verschiedene Atmungsarten und so weiter."[157]

Ab 1919 wurden die Movements zunehmend von der Rhythmischen Gymnastik/Rhythmik von Emile Jaques-Dalcroze (1865–1950) durch die Zusammenarbeit mit der Lehrerin für Rhythmische Gymnastik Jeanne de Salzmann beeinflusst. Zu den abgewandelten Derwisch-Tänzen, die Gurdjieff bei seinen Reisen in entlegene Klöster gelernt hatte und welche die ersten Tänze darstellten, die er in Essentuki lehrte, gesellten sich Movements mit Namen wie „Notenwerte" oder „Polyrhythm". In Tiflis entstand auch eine Reihe von „Übungen für Aufmerksamkeit und Koordination", die später als „Obligatories" zu einem fixen Bestandteil der Movements-Klassen wurden. So ist zum Beispiel im kanonartigen Aufbau des „1st Obligatory"[158] eine starke Ähnlichkeit mit den Bewegungen

---

[157] Ouspensky 2010, S. 545

[158] Eine Abbildung der Bewegungen findet sich auf: http://de.scribd.com/doc/3544170/First-SlowSecond-Obligatories, 23.3.2016

des „5/4-Takts in Kanonform“[159] von Jaques-Dalcroze zu finden. Auch das „5th Obligatory“, welches den Beinamen „Notenwerte“ trägt, enthält viele Elemente der Dirigier- und Koordinationsaufgaben der „Gymnastique Rhythmique“. Gurdjieff nannte die Movements auch zunächst, angelehnt an die Rhythmische Gymnastik, „Heilige Gymnastik“.

Obwohl Gurdjieff betonte, dass die ersten Movements auf Tänzen basieren, die er in Tempeln und Klöstern in Asien kennengelernt hatte, ist der Einfluss der Rhythmischen Gymnastik auf die Formen und Bewegungsabläufe der Movements unumstritten. Angeblich begleitete Gurdjieff die ersten Tänze auf der Mandoline, ab 1919 improvisierte De Salzmann auf dem Klavier zur „heiligen Gymnastik“.[160] Aus der Zusammenarbeit mit dem russischen Komponisten Thomas de Hartmann, der sich Gurdjieff 1916 anschloss, entstanden in der Zeit von 1919–1929 die gesamten Klavier- (und auch Orchester-) Kompositionen für die erste Serie der Movements.

Zwischenzeitlich auch „heilige Tänze“ genannt, etablierte sich schließlich ab 1922/23 (nach der Gründung seines „Instituts für die harmonische Entwicklung des Menschen“ in der Prieuré in Fontainebleau-Avon) der französische Begriff „Mouvements“ und in weiterer Folge nach Gurdjieffs Reisen in die U.S.A. das englische „Movements“.

4.4.1.2 Klassifikation der Movements[161]

Gurdjieff produzierte zwei Movements-Serien, die in zwei unterschiedlichen Phasen seines Lebens entstanden.
Die erste Serie, auch „frühere Movements“ genannt, choreographierte Gurdjieff in der Zeit zwischen 1917/18 und 1924. Viele dieser Movements sind durch Aufführungen in Tiflis (1919), in Paris (1923) und in New York (1924) dokumentiert. Die zweite Serie, die „späteren Move-

[159] Eine Abbildung der Bewegungen findet sich in Seidl 1912, Blatt VII
[160] Vgl. Azize 2012, S. 306
[161] Vgl. ebd., S. 301ff

ments“, entstand zwischen 1939 und 1949 größtenteils in Paris, wo er bis kurz vor seinem Tod Movements-Klassen abhielt.

Die *früheren Movements* waren zuerst unter dem Namen „Heilige Gymnastik“ bekannt. Sie enthalten die bereits erwähnten sechs „Obligatories“, weiters einige „Work Dances“ mit „handwerklichen“ Titeln wie „Teppichweber“, „Schuster“ oder „Spinnen“, die „Women's Dances“, die „Dervish Movements“ und einige zeremonielle „Sacred Dances“. Verschiedene Movements wie „Polyrhythm“ oder „Thirty Gestures“, welche dem Einfluss der Rhythmischen Gymnastik unterlagen, entstanden auch in dieser Zeitspanne.

Das Herz der *späteren Movements-Serie* bilden die „Thirty-Nine-Series“. Sie stellen eine Auswahl der in Paris entstandenen Movements dar, die Gurdjieff in eine bestimmte Reihenfolge brachte und als „Hauptmovements“ deklarierte. Bei seinem Aufenthalt in den U.S.A. im Winter 1948/49 fügte er jedoch weitere sieben Movements hinzu und ordnete die gesamten 46 Movements wieder neu. Offensichtlich plante er eine öffentliche Aufführung mit diesen 46 Movements. Sein gesundheitlicher Zustand verschlechterte sich jedoch plötzlich drastisch, bis er im Oktober 1949 unerwartet verstarb.
Aus der Zeit von 1939 bis 1949 existieren bis zu 200 weitere Movements bzw. Fragmente von Movements, über deren Stellenwert Uneinigkeit besteht. Während die Rhythmik-Lehrerin und Gurdjieff-Schülerin Jessmin Howarth diese als nicht für die Verbreitung autorisiert betrachtet, verwendete Jeanne de Salzmann viele dieser Movements in ihren Lehr-Filmen sowie in Peter Brooks Spielfilm „Meetings with Remarkable Men“ über das Leben Gurdjieffs.

Beide Serien lassen sich in folgende Kategorien einteilen:

- Rhythmen
- Vorbereitende Übungen wie die „Obligatories“, rituelle Übungen, „Medizinische Gymnastik“
- „Women's Dances“

- „Men’s Ethnic Dances“ wie die „Dervish-Series“ oder „Tibetan Dances“
- „Sacred Temple Dances“
- „Tableaux“
- „Enneagramm-Serien“

Den größten Unterschied zwischen früheren und späteren Movements bildet die Tatsache, dass Gurdjieff in Zusammenarbeit mit De Hartmann Klavierkompositionen für die früheren Movements schuf. Für die groß angelegten Aufführungen in Paris und New York komponierte De Hartmann sogar einige orchestrale Versionen.
Gurdjieff komponierte keine Movements-Stücke mehr, nachdem sich De Hartmann 1929 von ihm trennte. Die Musik für die späteren Movements wurde in den Klassen am Klavier improvisiert. Dabei wurde Gurdjieff musikalisch und pianistisch von den Rhythmik-Lehrerinnen Jeanne de Salzmann, Jessmin Howarth und Rose Mary Nott, sowie von der Pianistin Carol Robinson und von Solange Claustres unterstützt. Die Musik für die spätere Serie wurde nach dem Tod Gurdjieffs von De Hartmann, Edvard Michael, Alain Kremski, Helen Adie und Laurence Rosenthal komponiert.[162]

Ein weiterer Unterschied zwischen den beiden Serien besteht im Einbezug von Wörtern oder Sätzen bei der späteren Movements-Serie. Auch reduzierte Gurdjieff die „religiösen“ oder „ethnologischen“ Komponenten und setzte vermehrt abstrakte, geometrische Bewegungen und Positionen und mathematische, räumliche Anordnungen ein. Eine bekannte Serie aus dieser Zeit trägt den Namen „Pythagoras-Serie“.

Es besteht Grund zur Annahme, dass Gurdjieff den Movements der ersten Serie eine exotische Abstammung verlieh, um die Movements bei den öffentlichen Aufführungen zu Werbezwecken in einen „orientalischen“ Zauber zu hüllen, um so mehr Interessierte anzulocken.[163] Der

[162] Vgl. Petsche 2015, S. 234
[163] Vgl. Azize 2012, S. 304

Einfluss Jeanne de Salzmanns, die bis zu Gurdjieffs Tod an seiner Seite wirkte, blieb mit höchster Wahrscheinlichkeit auch auf die Choreografien der späteren Movements-Serie erhalten.

4.4.1.3 Ziele und Mittel der Movements

Es gibt wenige Dokumente, die eine „Theorie der Movements“ stützen können. In „Views from the Real World“, einer Sammlung verschiedener Vorträge Gurdjieffs, geht er in zwei Reden auf die Ziele der Movements ein.

In seinem Vortrag am 24. November 1921 in Berlin erklärt Gurdjieff den Zusammenhang zwischen Körperhaltung, innerem Zustand und Selbst-Beobachtung:

> „Jede Position des Körpers korrespondiert mit einer bestimmten inneren Befindlichkeit, andererseits korrespondiert jeder innere Zustand mit einer Körperhaltung. Der Mensch hat in seinem Leben eine gewisse Anzahl von gewohnten Bewegungen und er wechselt von einer Haltung zur anderen, ohne diese Gewohnheiten zu unterbrechen. Das Einnehmen einer neuen, ungewohnten Haltung ermöglicht dir, dich innerlich anders zu beobachten als du es in deinem alltäglichen Zustand tust.“[164]

Zum ersten erzeugen Movements folglich neue, die Gewohnheiten durchbrechende Situationen des Körpers, die eine differenzierte Selbst-Beobachtung herausfordern.

Ein zweites Ziel postuliert Gurdjieff in einem Vortrag vom 29. Februar 1924 in New York:

> „Gewöhnliche Gymnastik und Tänze sind mechanisch. Wenn unser Ziel die harmonische Entwicklung des Menschen darstellt, dann sind Tänze und Movements ein Mittel, um Verstand und Gefühle mit den Bewegungen des Körpers zu verbinden und diese gemeinsam zu manifestieren. In allen Dingen haben wir das Ziel,

[164] Gurdjieff 1991, S. 167

etwas zu entwickeln, das nicht direkt oder mechanisch entwickelt werden kann – das was den ganzen Menschen ausmacht: Verstand, Körper und Gefühl".[165]

Die angestrebte, auch an anderer Stelle bereits angedeutete Synchronisation von Bewegungen, Gedanken und Gefühlen wird durch folgende Mittel erreicht:

- *Koordinatives Training durch polyrhythmische Bewegungen* verhindern das „Weggleiten" der Gedanken. Der Verstand wird durch die anspruchsvollen Kombinationen „gezwungen", der Bewegung zu folgen.
- *Variationen des Metrums oder des Schwerpunkts* unterbinden die Möglichkeit, Bewegungen zu automatisieren. Bewusste Bewegungsausführung wird gefördert.
- *Ungewöhnliche Rhythmen/Ostinati*, die einen verlagerten Schwerpunkt oder taktübergreifende Phrasen beinhalten, erschweren oder verlängern die Koordination von Bewegung und das Erfassen der Struktur. Die körperliche und kognitive Aufmerksamkeit wird gesteigert.
- *Tempowechsel* fordern die Koordinationsfähigkeit heraus und halten Denken und Bewegung in einem Prozess zusammen.
- *Musikalische Formen* wie *Liedform* und *Kanon* werden choreografisch eingesetzt und erhöhen die Aufmerksamkeit auf die eigene Bewegungsausführung.
- *Festgelegte Gruppenbewegungen („Multiplikationen")* und *Variationen in der räumlichen Anordnung* führen zu einer indirekten Interaktion mit anderen und wecken zusätzlich zur Körperwahrnehmung die Raumwahrnehmung.
- Die *Musik* in Form von *Live-Klavierbegleitung* spricht das Gefühlszentrum an und kreiert eine Stimmung, die entweder die Bewe-

[165] Gurdjieff 1991, S. 183

gungsdynamik unterstützt oder in Kontrast dazu steht. Die Bewegungen werden mit einem aktiven Gefühlszentrum ausgeführt, die Gefühle werden jedoch nicht zum Ausdruck gebracht.

- Dazugesprochene *Wörter* oder *Sätze* aktivieren weitere Areale im Denkzentrum und vergrößern die Konzentration. Durch sprachrhythmische Verschiebungen oder Choreographien entstehen multirezeptive Situationen und ein Wechsel zwischen Selbst- und Gruppenwahrnehmung.
- Durch das *Mitsingen der Melodie* werden Gefühle mit Bewegungen verbunden.
- *Rhythmische, mit der Bewegung koordinierte Atembewegungen* verbinden die Aktivität aller drei Zentren und erhöhen die Energie.

Ein drittes, noch relativ unerforschtes Ziel der Movements ist das „Lernen". Gurdjieff meinte, dass „einige Movements ein Zeugnis über ein bestimmtes Wissen oder religiöse und philosophische Ideen in sich tragen"[166], welche durch das Ausführen der Movements erfasst werden können.

4.4.1.4 Parallelen zwischen Zielen und Mitteln der „Heiligen Gymnastik" Gurdjieffs und der Rhythmischen Gymnastik von Jaques-Dalcroze

Emile Jaques-Dalcroze spricht in einem Vortrag zur Gründung der Bildungsanstalt Hellerau von der Vision eines Ortes, „in welchem man die Kunst als Erzieherin unserer Sinne in den Mittelpunkt des Lebens stellt und ihr die Aufgabe zuweist, Sinne und Gefühl des Menschen in Harmonie mit dem menschlichen Willen zu der gleichen Höhe auszubilden, zu der die Wissenschaft unseren Verstand emporgezüchtet hat"[167].

---

[166] Gurdjieff 1991, S. 183: "Certain movements carry a proof in them, a definite knowledge, or religious and philosophical ideas."

[167] Lorenz 1994, S. 73

Die Pädagogik von Jaques-Dalcroze war in Russland bereits bekannt, als Gurdjieff 1912 mit seiner Lehrtätigkeit begann.[168] Es ist zu vermuten, dass nicht nur die Bewegungen der Movements, sondern auch Gurdjieffs Ideen von der Pädagogik Jaques-Dalcrozes beeinflusst wurden. So wird der Begriff „Harmonie" auch ein wichtiger Faktor in Gurdjieffs Lehre, schließlich nennt er seine erste Schule, die er 1919 für Kinder und Erwachsene in Essentuki eröffnete „Institut für die harmonische Entwicklung des Menschen". In einem Prospekt zählt er die „Gegenstände des Studiums" auf:

> „Gymnastik aller Art (rhythmische, medizinische und andere). Übungen für die Entwicklung des Willens, des Gedächtnisses, der Aufmerksamkeit, des Hörens, Denkens, Fühlens, des Instinktes und so fort."[169]

In einem Vortrag aus dem Jahr 1907 beschreibt Jaques-Dalcroze die *Ziele* der „Rhythmischen Gymnastik" folgendermaßen:

> „Die Übungen [...] haben allgemeinen Wert: sie sind gesundheitsfördernd, sie entwickeln die Willenskraft, sie erwecken das Bewußtsein der engen Beziehungen zwischen Körper und Geist [...]. Jeder Lehrer muß die Zukunft in der Gegenwart schauen, [...] die richtige harmonische Bewegung im Rhythmus."[170]

Auch Movements sollen auf den ganzen Körper eine gesundheitsfördernde Wirkung haben. 1924 beschreibt Gurdjieff für die öffentliche Demonstration in New York die Movements in einer ähnlichen Weise:

> „Die Übungen der heiligen Gymnastik [...] sind ein Mittel zur Erziehung der moralischen Kraft [...] und der Entwicklung des Willens, der Geduld, der Kapazität der Gedanken, der Konzentration, des Hörens, Sehens, des Tastsinns und so weiter."[171]

---

[168] Vgl. Azize 2012, S. 308
[169] Ouspensky 2010, S. 558
[170] Jaques-Dalcroze 1907; Zit. n. Gobbert 1998, S. 117
[171] Azize 2012, S. 316

Als Bindeglied zwischen Jaques-Dalcroze und Gurdjieff wirkt nicht nur die Rhythmik-Lehrerin Jeanne de Salzmann, sondern auch ihr Mann Alexandre de Salzmann, der ein enger Mitarbeiter von Jaques-Dalcroze in Hellerau war. Darüber schreibt der Rhythmik-Forscher Joachim Gobbert:

> „Abschließend sei bemerkt, dass es kaum ein besseres Beispiel einer Synthese von Gedanken, Vorstellungen und Aktivitäten verschiedener Personen gibt, als die Zusammenarbeit von Jaques-Dalcroze, Dohrn, Appia, Tessenow und von Salzmann. Der gemeinsame Glaube, einen neuen, harmonischen Menschen zu schaffen, genauer gesagt, dem Menschen das verlorene Gleichgewicht wiederzugeben, das war der ‚ideologische Boden' ihres gemeinschaftlichen Werks."[172]

Eine der „ideologischen" Grundlagen von Jaques-Dalcroze stellt sicherlich der antike Gedanke des harmonischen Menschen und der „Einheit von Körper, Seele und Geist" dar.[173] In seiner zweiten Edition der „Methode Jaques-Dalcroze" beruft er sich vielfach auf Platon und die Griechen. Auch wurde der Begriff "Gymnastik" bewusst gewählt. „Zur Erziehung […] gehörten nach Platon die Gymnastik für den Körper und die Musik der Seele."[174]
Interessanterweise dient bei Gurdjieff die musikalische Begleitung auch der Anregung des „Gefühlszentrums", welches sich bei den Movements in die Zusammenarbeit von „Denken" und „Bewegen" einschwingt.

Eine zweite gemeinsame Wurzel findet sich im System des Bewegungspädagogen Francois Delsarte (1811–1871), der den Menschen ebenfalls als eine Trinität von Körper, Verstand und Emotionen betrachtete. Jaques-Dalcroze lernte das System Delsartes bei seinem Studium in Paris (1884–1886) kennen.[175]

---

[172] Gobbert 1998, S. 40
[173] Vgl. ebd., S. 63ff
[174] Ebd., S. 111: Die Gymnastik und Musik in der Antike
[175] Vgl. Odom 2005, S. 139

Während die Methode Jaques-Dalcroze mehr von den bewegungspädagogischen Ansätzen Delsartes beeinflusst wurde, finden sich bei Gurdjieff auch Einflüsse seiner Philosophie.[176]

Über das Herstellen der inneren Harmonie von Bewegung, mentalen und emotionalen Prozessen schreibt Jaques-Dalcroze 1919 im Vorwort zur ersten Auflage seines Buches „Rhythmus, Musik und Erziehung“:

> „Mir scheint, es gelte vor allem, unsere Kinder zu lehren, sich ihrer eigenen Persönlichkeit bewußt zu werden, […] ihren ureigenen Lebensrhythmus von jeder Fessel zu befreien. Mehr denn je ist es heute geboten, ihnen zu zeigen, wie Seele und Geist, Unterbewußtes und Bewußtes, Einbildungskraft und Tatkraft aufs innigste zusammenhängen.“[177]

Die Rhythmische Gymnastik hat dabei die gleiche Vorgehensweise wie die „Heilige Gymnastik“. Die eigene Erfahrung steht im Mittelpunkt und geht jeder Theorie voran. So hat Jaques-Dalcroze den vielzitierten Grundsatz Gurdjieffs, nichts zu glauben, welches nicht zuvor durch Erfahrung und Verinnerlichung verifiziert werden konnte[178], 1921 in anderen Worten formuliert:

> „Die ganze Methode fußt auf dem Grundsatz, […] daß man dem Kinde keine Regeln beibringen soll, ehe man es dazu befähigt hat, die Tatsachen selber nachzuprüfen, aus denen diese Regeln abgeleitet sind.“
> „Der Unterricht in Rhythmik will die Schüler dahin bringen, daß sie nach vollendeter Studienzeit sagen können – nicht mehr bloß: ‚ich weiß‘, sondern ‚ich empfinde‘.“[179]

---

176 Vgl. Petsche 2015, S. 225. Die Gurdjieff-Forscherin Johanna Petsche zieht Parallelen zwischen der neunteiligen Eneagramm-Lehre Gurdjieffs und des „Neunklangs“ (als Vereinigung der dreifachen Trinität) Delsartes.

177 Jaques-Dalcroze 1921, S. XIIf

178 In der Einleitung des 4. Kapitels wird auf diesen Grundsatz eingegangen.

179 Jaques-Dalcroze 1921, S. 74f

Dass die Rhythmik durch die Harmonisierung des Menschen nicht nur musikalische Bildung, sondern auch Bewusstseinsbildung ist, fügt Jaques-Dalcroze an späterer Stelle an:

> „Die Rhythmik stellt sich dar als eine [...] kräfte- und seelenstrahlende Macht, die uns durch ihr Wirken uns selber zurückgibt, und uns nicht nur unsrer eigenen, sondern auch fremder Kräfte, ja der Kräfte der ganzen Menschheit bewußt werden läßt."[180]

Und nicht zuletzt ist sogar eine Parallele zwischen dem Ziel der „Heiligen Gymnastik", in den Bewegungen mystisches oder religiöses Wissen zu transportieren und erfahrbar zu machen, und der „Zukunftsvision" der Rhythmik zu ziehen. In Jaques-Dalcrozes „Rhythmus, Musik und Erziehung" ist Rhythmik mehr als eine musikpädagogische Methode:

> „Sie nötigt uns dazu, uns über die unergründlichen Tiefen unseres rästel- und wechselvollen Wesens forschend niederzubeugen. Sie gibt uns eine Ahnung von den Geheimnissen des ewigen Mysteriums, das über dem Leben des Menschen durch die Jahrhunderte waltet. Sie drückt unserm Denken ein Gepräge ursprünglicher erhebender Frömmigkeit auf, welche Vergangenheit, Gegenwart und Zukunft untereinander verbindet. Und deswegen scheint sie dazu berufen [...] engere Bande zwischen Gehirn und Nerven zu wirken, die gesamten lebendigen Kräfte des Menschen zu vereinigen."[181]

Auch in den *Mitteln* der Rhythmischen Gymnastik und der „Heiligen Gymnastik" gibt es auffällige Verwandtschaften. Beide Methoden wenden als Mittel die polyrhythmische Bewegung, wenngleich zu unterschiedlichen Zwecken, an. Jaques-Dalcroze verwendet polyrhythmische Übungen, um das Kind „zum Rhythmus zu erziehen":

> „Um in ihm das Gefühl für die Gleichzeitigkeit verschiedener Rhythmen zu erzeugen, ist es unerläßlich, daß wir es, mittelst ver-

[180] Jaques-Dalcroze 1921, S. 75
[181] Ebd., S. 75f

> schiedener Glieder, Bewegungen ausführen zu lassen, welche Zeitwerte von unterschiedlicher Dauer darstellen."
> „Auf diesem Wege gelangt das Kind zuletzt dazu, Tätigkeit und Wahrnehmung zu spalten und wird dadurch eben befähigt, die Polyrhythmik auszuführen und zu beobachten."[182]

Gurdjieff integriert ebenfalls polyrhythmische Bewegungsfolgen in seine Movements, um die Teilung der Aufmerksamkeit zu üben. Das Ziel ist jedoch die Anwendung in der Selbst-Beobachtung und Selbst-Erinnerung.

Weiters sind Movements ein Mittel zur Erhöhung der Aufmerksamkeit und der Konzentration. Die gewohnten Automatismen des „Denkzentrums" sollen durch anspruchsvolle Bewegungsmuster aufgebrochen werden und dadurch neue Verknüpfungen entstehen lassen. So dienen die mechanisch erscheinenden Bewegungen der „Heiligen Gymnastik" dem Ziel, „Denk- und Bewegungszentrum" zu synchronisieren und so den Verstand zu klären. Bei Jaques-Dalcroze findet sich ein sehr ähnlicher Ansatz:

> „Zahlreiche Übungen unserer rhythmischen Methode zielen darauf ab, das Konzentrationsvermögen zu steigern." „Des weiteren wollen diese Übungen zahlreiche motorische Gewohnheiten und neue Reflexe erzeugen, [...] den Geist dadurch beruhigen, den Willen kräftigen und im ganzen Organismus Ordnung und Klarheit stiften."[183]

Interessante Parallelen finden sich auch im Kapitel „Rhythmik und bewegte Plastik", welches Jaques-Dalcroze 1919 für sein Buch „Rhythmus, Musik und Erziehung" verfasst hat.
Die Gegenüberstellung von Musik und Bewegter Plastik[184] liest sich wie eine Choreographie-Vorlage für Movements:

---

[182] Jaques-Dalcroze 1921, S. 55
[183] Ebd., S. 74
[184] Ebd., S. 169

Musik	**Bewegte Plastik**
Tonhöhe	Lage und Richtung der bewegten Glieder im Raume
Tonstärke	Dynamik des Muskelspiels
Klangfarbe	Verschiedenheit der Körperformen
Dauer (Zeitwerte)	Dauer (Zeitwerte)
Takt	Takt
Rhythmik	Rhythmik
Pause	Stillstand
Melodie	Stetige Folge von Einzelbewegungen
Kontrapunkt	Gegenbewegungen
Akkorde	Fixierung von gleichzeitigen Gebärden (eines Einzelnen) oder Gruppengebärden
Harmoniefolge	Abfolge von zusammenklingenden Bewegungen (einer Einzelperson) oder Gruppengebärden
Phrasierung	Phrasierung
Aufbau (Form)	Verteilung der Bewegungen in Raum und Zeit
Orchestrierung	Gegenüberstellung und Verbindung mannigfaltiger Körperformen

Eine Beschreibung der Rhythmischen Gymnastik des Musikwissenschaftlers Arthur Seidl (1863–1928) soll den Vergleich der beiden Methoden abrunden. So könnte Seidls Auflistung der Vorzüge der „Methode Jaques-Dalcroze“[185] in seinem kleinen Werk „Die Hellerauer Schulfeste und die Bildungsanstalt Jaques-Dalcroze“ ebenso die Wirkung der „Heiligen Gymnastik“ umreißen:

[185] Vgl. Seidl 1912, S. 46ff

1. Erziehung zur Apperzeption
2. Physiologische Unabhängigmachung der beiden Körperseiten voneinander
3. Sichere Körperbeherrschung aller Körperglieder
4. Musikalische Fortbildung

Ein Unterschied besteht lediglich in der Gewichtung der beiden Ansätze. So stellt bei Jaques-Dalcroze die musikalische Bildung das Hauptziel dar, während bei Gurdjieff die Apperzeption in Vordergrund steht.

4.4.1.5 Movements aus zeitgenössischer und neurophysiologischer Sicht

Zusammenfassend kann festgehalten werden, dass Movements zu einem Zustand der Aufmerksamkeit und „inneren" Synchronisation führen, wobei Bewegung und Musik als Mittel eingesetzt werden. Das unmittelbare Ziel ist die apperzeptive Ausführung, das übergeordnete Ziel ist die Integration von Bewegungsempfinden, Fühlen und Denken und die daraus folgende Harmonisierung des „ganzen" Menschen.

Gurdjieffs Movements können nicht ohne Bezugnahme zu ihrem historischen Zusammenhang mit psychophysiologischen Strömungen der Jahrhundertwende in eine zeitgenössische Interpretation gebracht werden.
Nach den Theorien des australischen Gurdjieff-Forschers Joseph Azize kreierte Gurdjieff die Movements als „ein praktisches Mittel, um seine Auffassung von Tempo und Rhythmus auf den menschlichen Organismus und die Psyche zu übertragen"[186]. Er bezieht sich dabei auf die Erläuterungen Gurdjieffs in seinem Werk „Beelzebubs Erzählungen für seinen Enkel"[187]: Die drei Zentren des Körpers arbeiten demnach in verschiedenen Geschwindigkeiten und können nur miteinander kommunizieren, wenn ihre Tempi in einer bestimmten Beziehung zueinander stehen. Jedes der drei Zentren sollte dabei innerhalb des gemeinsamen Or-

[186] Azize 2012, S. 319
[187] Vgl. ebd., S. 320

ganismus in seinem eigenen Tempo arbeiten, in Harmonie mit den Tempi der anderen Funktionen. Aufgrund von inkompatiblen „inneren" Geschwindigkeiten funktioniert die Zusammenarbeit der drei Zentren nicht immer harmonisch. Auch kann es Schwierigkeiten zwischen der Übereinstimmung des inneren Erlebens und der Geschwindigkeit der Außenwelt geben, wenn das Tempo des externen Lebens zu schnell oder zu langsam für die innere Prozesse, die Gedanken und Gefühle, ist.
Wenn die Geschwindigkeiten der Zentren in einer richtigen Beziehung zueinander stehen, können sie als ein Ganzes zusammenarbeiten. Der Mensch kann beginnen, als Einheit zu agieren, sein Zustand wächst zu dem einer Einheit heran. Der Schlüssel zu diesem Prozess ist laut Azize in Gurdjieffs „Beelzebubs Erzählungen für seinen Enkel" die Veränderung der Geschwindigkeit der „Blutkreisläufe":

> „Von diesem besagten Alter an begann eben jeder dieser [...] ‚Blutkreisläufe' in ihnen das Funktionieren eines der zwei erwähnten Bewußtseine [sic] hervorzurufen; und umgekehrt begann das intensive Funktionieren des einen oder anderen Bewußtseins in ihnen die entsprechende Art von ‚Blutkreislauf' hervorzurufen. Die Verschiedenheit aber dieser zwei selbständigen ‚Blutkreisläufe' begann sich [...] durch die sogenannte ‚Verschiedenheit-der-Auffüllung-der-Blutgefäße', auszuwirken, das heißt in ihrem ‚Wachzustande' entsteht der ‚Schwerpunkt des Blutdruckes' [...] in einem Teil des Systems ihrer ‚Blutgefäße' und in ihrem passiven Zustand in einem anderen Teil derselben." [188]

Azize stellt durch dieses Zitat einen Zusammenhang zu den unterschiedlichen Durchblutungszuständen durch Entspannung und verstärkte Bewegung her. Durch die vertiefte Atmung wird weiters eine Beziehung zum „Gefühlszentrum" gebildet. An diesem Punkt enden jedoch seine Ausführungen zu einer neuen Theorie der Movements.

Gurdjieffs Verbindung von Bewusstsein und Blutdruck lassen viele Interpretationen offen. Möglicherweise wollte er damit auf die zwei Teile

[188] Gurdjieff 2010 (Zweites Buch), S. 600f

des vegetativen Nervensystems hinweisen, die einen starken Einfluss auf Blutdruckunterschiede haben, den Sympaticus und den Parasympaticus. Auch kann die Verknüpfung von „Blutkreisläufen“ und „Bewusstseinszuständen“ einen Versuch darstellen, seine Lehre mit physiologischen Gesetzen zu untermauern.

Es besteht zudem die Möglichkeit, dass die Theorien des deutschen Physiologen und Psychologen Wilhelm Wundt[189] (1832–1920), die auf die Rhythmische Gymnastik von Jaques-Dalcroze Einfluss nahmen[190], auch auf die Lehre Gurdjieffs einwirkten. Wundt war in der Zeit der ersten Lehrtätigkeit Gurdjieffs 1912 in Moskau und St. Petersburg in Russland bereits populär[191], und so wie Jaques-Dalcroze zeitgenössische psychologische und physiologische Erkenntnisse in seiner Pädagogik verarbeitete, blieben die psychologischen Strömungen und psychophysikalischen Erkenntnisse der Jahrhundertwende sicher nicht ohne Wirkung auf die Konzepte Gurdjieffs.

Wundt prägte den Leibnizschen Begriff der „Apperzeption“ neu und kann als einer der ersten Bewusstseinsforscher des 20. Jhdts. bezeichnet werden. Obwohl Gurdjieff selbst den Begriff „Apperzeption“ nicht zur Definition der „geteilten Aufmerksamkeit“ heranzog, eignen sich Wundts sinnesphysiologischen Erläuterungen zur „Apperzeption“, um die „bewusste Wahrnehmung“ bei der Ausführung von Movements von dem zu unterscheiden, was in anderen Körperbildungsmethoden als „erhöhte Aufmerksamkeit“ bezeichnet wird.
In seinem Werk „Grundzüge der physiologischen Psychologie“ aus dem Jahr 1874 setzt Wundt Bewusstsein, Aufmerksamkeit, Perzeption und

---

189 Wundt gilt als Begründer der Psychologie als eigenständige Wissenschaft. Er gründete 1879 das erste Institut für experimentelle Psychologie und arbeitete in seinem physiologischen Forschungsprogramm umfassende Konzepte der Psychologie aus, die die Psychophysik der Sinnesempfindungen und die Psychophysiologie der Emotionen einschloss und Bereiche wie „Aufmerksamkeit“ und „Bewusstsein“ vom neuropsychologischen Blickpunkt aus untersuchte. Vgl. Fahrenberg 2014, S. 1807

190 Vgl. Tervooren 1987, S. 312

191 Vgl. Ouspensky 2010, S. 176

Apperzeption durch den Vergleich mit der optischen Wahrnehmung in Beziehung:

> „Indem das Bewusstsein in der Synthese der Empfindungen und in der Association der Vorstellungen sich selbst als ein thätiges erfasst, entsteht jene Aeusserung desselben, welche wir *Aufmerksamkeit* nennen. In der unmittelbaren Selbstauffassung gibt sie sich dadurch zu erkennen, dass das Bewusstsein den Zusammenhang der Vorstellungen, auf den es sich bezieht, keineswegs zu jeder Zeit in gleicher Weise gegenwärtig hat, sondern dass es bestimmten Vorstellungen in höherem Grade zugewandt ist als anderen. Diese Eigenschaft lässt sich durch die Vergleichung mit dem Blickfeld des Auges einigermassen verdeutlichen, indem man dabei von jener bildlichen Ausdrucksweise Gebrauch macht, welche das Bewusstsein ein inneres Sehen nennt. Sagen wir von den in einem gegebenen Moment gegenwärtigen Vorstellungen, sie befänden sich im Blickfeld des Bewusstseins, so kann man denjenigen Theil des letzteren, welchem die Aufmerksamkeit zugekehrt ist, als einen inneren *Blickpunkt* bezeichnen. Den Eintritt einer Vorstellung in das innere Blickfeld wollen wir die *Perception*, ihren Eintritt in den Blickpunkt die *Apperception* nennen. Der innere Blickpunkt kann sich nun successiv den verschiedenen Theilen des inneren Blickfeldes zuwenden. Zugleich kann er sich jedoch […] abwechselnd verengen und erweitern, wobei immer seine Helligkeit abwechselnd zu- oder abnimmt. Streng genommen ist er also kein Punkt, sondern ein Feld von etwas veränderlicher Ausdehnung. Soll die möglichst deutliche Auffassung stattfinden, so muss er sich auf eine einzige Vorstellung beschränken. Je enger und heller aber der Blickpunkt ist, in umso größerem Dunkel befindet sich das übrige Blickfeld.“[192]

Dieser Erläuterung muss angefügt werden, dass Wundt mit „Vorstellungen“ das beschreibt, das in der gegenwärtigen Sinnesphysiologie als

[192] Wundt 1874, S. 717f

„Wahrnehmung“ bezeichnet wird:

> „In jener ganzen Thätigkeit des Bewusstseins, durch welche die einzelnen Objekte desselben voneinander geschieden werden, liegt ein analysierendes Verfahren. Aber neben demselben her geht nicht nur der Process der Synthese der Empfindungen zu Vorstellungen, sondern auch die letzteren werden wieder in zusammenhängende Gruppen geordnet, und schliesslich wird sogar die Gesamtheit der Vorstellungen als zu *einem* Vorstellen gehörig zusammengefasst. Die Wahrheit ist also, dass im Bewusstsein Synthese und Analyse neben einander wirksam sind [...]. Aber das ursprünglichere in ihm ist die Synthese, die zusammenfassende Ordnung der Empfindungen und Vorstellungen in den Formen der Zeit und des Raumes. Daran erst kann die Trennung der einzelnen in Zeit und Raum zusammengehörigen Objecte sich anschliessen, weil eine solche Trennung die vorausgegangene Verbindung voraussetzt.“[193]

Aus dieser Beschreibung aus dem Jahr 1874 können Parallelen zur gegenwärtigen Bewusstseinsforschung gezogen werden. Die „zusammenhängenden, geordneten Vorstellungen“ Wundts sind das, was heute als „Karten“ des Gehirns bezeichnet wird, das „*eine* Vorstellen“ entspricht den „Bildern“. Damasio beschreibt in seiner neurophysiologischen Annäherung an den Verstand („mind“) in seinem Buch „Selbst ist der Mensch“ den Zusammenhang von Wahrnehmung, Karten und Bildern folgendermaßen:

> „Wahrnehmung ist in allen sensorischen Formen das Ergebnis der kartographischen Fähigkeiten unseres Gehirns.“[194]

> „Die Karten werden nicht nur aus visuellen Mustern erzeigt, sondern aus *allen* sensorischen Mustern, an deren Schaffung das Gehirn beteiligt ist.“[195]

---

[193] Wundt 1874, S. 717
[194] Damasio 2013, S. 82
[195] Ebd., S. 80

> „Bilder repräsentieren die physikalischen Eigenschaften von Gebilden, ihre räumlichen und zeitlichen Beziehungen sowie ihre Tätigkeiten."
>
> „Die Bilder in unserem Geist sind die derzeitigen Gehirnkarten von allem und jedem in unserem Körper und in seiner Umgebung, Bilder des Konkreten wie des Abstrakten, des Augenblicklichen wie des zuvor im Gedächtnis Aufgezeichneten."[196]

„Bilder" sind bei Damasio wiederum die wichtigsten „Bestandteile" um einen bewussten Verstand und als Folge einen „Selbst-Prozess"[197] des Bewusstseins zu erzeugen. Wahrnehmung und Bewusstsein stehen folglich in einer engen Wechselbeziehung zueinander. Im Erlebnisfeld der Movements steht dabei die propriozeptive Wahrnehmung im Vordergrund.

Azizes Ableitung der „Tempos der Blutzirkulation" auf Entspannung, Bewegung und Atmung weisen auf einen weiteren Bezugspunkt für eine physiologische Betrachtung der Movements hin: der Einbettung der Movements in Inner Exercises. In ihrer Beziehung zu den entspannenden „inneren Übungen" und zur bewussten propriozeptiven Wahrnehmung können die praktischen Rahmenbedingungen der Movements einen Ausgangspunkt für eine zeitgenössische Betrachtung der Movements bilden:

1. Vor jedem Movements-Training werden durch die Inner Exercises die Muskeln entspannt. Weiters wird die Aufmerksamkeit auf die Körperwahrnehmung und die Atmung gelenkt.
2. In einer Movements-Klasse wechseln dynamische und meditative, rhythmische und melodische, geometrische und fließende Movements ab. Dieser Aufbau macht unterschiedliche Spannungszustände erfahrbar.

[196] Damasio 2013, S. 82
[197] Seine Theorie zur Entstehung von Bewusstsein wird in Kapitel 6.2.1 erläutert.

3. Durch den Einbezug von Sprache, Atmung und Empfindungsaufgaben während der Ausführung der Movements entsteht ein Wechselspiel von Perzeption und Apperzeption.

Aus diesen drei Gegebenheiten können physiologische Prozesse und deren Auswirkung auf das Bewusstsein abgeleitet werden:

1. Der Körper wird bewegungsphysiologisch sinnvoll vorbereitet. Ein entspannter Muskel kann organischer und effektiver arbeiten als ein durch Verkrampfung bereits kontrahierter.[198] Das Lösen von Muskelspannung löst auch psychische Spannungen, die Atmung vertieft sich, das „Gefühlszentrum" wird ins „innere Blickfeld" gebracht. Die Apperzeption wird durch Perzeption vorbereitet: Unbewusste Prozesse des somatosensorischen Systems werden durch eine intensive Aktivierung des Stellungssinns ins Bewusstsein gebracht. Durch die bewusste Verbindung von Atmung, Körperempfindung und Muskelentspannung werden mentale, affektive und somatische Prozesse zu neuen „Bildern" im Gehirn verknüpft. Das „innere Blickfeld" wird erweitert.

2. Während durch die geometrischen Bewegungen der Movements besonders der Stellungssinn gefordert wird, aktiviert die dynamische Abwechslung der Movements zusätzlich den Bewegungs- und Kraftsinn. Die Ausführung von Bewegungen, die dem eigenen Bewegungsrepertoire völlig fremd sind, hat eine Auswirkung auf das Körperschema und seine Repräsentationen im Gehirn. Durch den Wechsel der musikalischen Dynamik und „Stimmungen" der Movements werden die Gefühle angesprochen und neue Vernetzungen zwischen dem somatosensorischen, motorischen und limbischen System hergestellt.

3. Mittels zusätzlicher Aufgaben wie die bewusste Empfindung der Zentren (Konzentration auf Kopf, Wirbelsäule oder Herzbereich) während der Ausführung von Movements (oft gemeinsam mit Sprache oder Atemrhythmen) werden neue neuronale Verbindungen zwi-

---

[198] Vgl. Franklin 2000, S. 325

schen der Propriozeption, dem assoziativen Kortex und dem limbischen System geschaffen. Die Apperzeption wird angebahnt. Die Wahrnehmung der Körperbewegungen und -stellungen wird durch die Koordination mit einem zusätzlichen kognitiven Prozess um eine „zweite" Perspektive erweitert. Ein „innerer Blickpunkt" entsteht. Das gesamte somatosensorische System wird auf eine neuartige Art und Weise mit dem vegetativen (Atmung) und somatischen Nervensystem durch neuronale Verschaltungen im Gehirn verbunden. Der Integrationsprozess der Movements bezieht sich somit nicht nur auf die Integration der Zentren, sondern auch auf einen neurophysiologischen Aktivierungs- und Integrationsprozess und kreiert durch die ungewohnten Bewegungs- und Empfindungserfahrungen neue Denkmuster. Der Prozess der parallelen propriozeptiven (Körper) und exterozeptiven Wahrnehmung (Raum, Gruppenchoreografien) schult die Fähigkeit der Apperzeption. Durch die multidimensionale, polyrhythmische Anordnung der Movements entstehen ständig wechselnde „innere Blickpunkte". Aufgrund der gleichzeitigen Aktivierung unterschiedlicher neuronaler Systeme entsteht ein Zustand, in dem immer ein Teil in den Fokus der Aufmerksamkeit tritt, die anderen Teile aber im Blickfeld der Aufmerksamkeit verbleiben.

Das besondere an diesem Prozess der „Bewusstwerdung" ist, dass er Impulse aus parallelen Verschaltungen aus dem eigenen Körper erhält und nicht durch das Aneignen eines „äußeren Denksystems" entsteht. Das „Lernen" hinsichtlich einer Bewusstseinsbildung geschieht hier mit und durch den eigenen Körper, wobei weniger die korrekte Ausführung, sondern die *Wahrnehmung* der Bewegung und alle Folgeprozesse dieser ungewöhnlichen Choreografien als „Meta-Ebene" im Vordergrund stehen.

> „Um Bewusstsein zu entwickeln, muss sich das Gehirn gewissermaßen selbst beobachten können. Durch den Aufbau von Metaebenen, auf denen interne Prozesse reflektiert und analysiert werden, kann ein Gehirn die Fähigkeit erlangen, sich seiner eigenen Wahrnehmungen und Intentionen bewußt zu werden, sich selbst,

> sein So-geworden-Sein und seine Rolle und seine Stellung in der Welt zu begreifen.“[199]

Das apperzeptive Wahrnehmen der Interaktion von motorischen, affektiven und kognitiven Prozessen[200] mit einem „Selbst“ führt somit zu einer Veränderung des Bewusstseins. Werden die neuen Verschaltungskreise immer wieder genutzt, wird daraus ein Zustand, in dem das Zusammenspiel der Zentren dauerhaft verinnerlicht ist: die Bewusstheit.

4.4.2 Inner Exercises

Die ersten „inneren Übungen“ wie die „Übung der zirkulären Empfindung“ und der „Stopp-Übung“ zeigte Gurdjieff im Sommer 1917 bei einem 6-wöchigen Intensivtraining in Essentuki. Einige dieser Übungen zur Erhöhung der inneren Aufmerksamkeit werden in der gleichen Form auch noch heute unterrichtet.

Die „Stopp-Übung“ Gurdjieffs ähnelt den „Stop and Go“-Aufgaben der Rhythmik. Durch das plötzliche Stoppen eines Bewegungsablaufes fokussiert sich die Wahrnehmung auf Körperhaltung, Atmung, Spannungsverhältnisse, „innere“ Prozesse und Umgebung und erhöht die psycho-physische Aufmerksamkeit. Der Unterschied besteht lediglich darin, dass diese Übung des Innehaltens auch in Alltagssituationen angewandt wurde.

> „Ein Mensch ist in Begriff zu gehen, zu sitzen oder zu arbeiten. In diesem Augenblick hört er ein Signal. Eine begonnene Bewegung wird durch dieses plötzliche Signal oder durch den Befehl ‚Stop’ unterbrochen. Der Körper wird unbeweglich inmitten des Übergangs von einer Haltung zu einer anderen angehalten, in einer Lage, in der er im gewöhnlichen Leben nie verweilt. Ein Mensch, der sich in diesem Zustand, das heißt in einer ungewohnten Hal-

---

[199] Hüther 2013, S. 115

[200] Vgl. Kapitel 5.4.1.4: Dieses Geschehen bildet als „multidimensionale Interaktion“ auch ein wichtiges Feld in der Rhythmik.

tung fühlt, betrachtet sich unwillkürlich von einem neuen Gesichtspunkt aus, sieht und beobachtet sich auf eine neue Weise. In dieser ungewohnten Haltung ist er fähig, auf neue Weise zu denken, auf neue Weise zu fühlen und sich auf neue Weise zu kennen. Dadurch wird der Bann des alten Automatismus gebrochen. [...] Diese Übung [...] ist eine Übung, um sich seiner selbst zu erinnern."[201]

Die weiteren überlieferten „inneren Übungen" bestehen im Wesentlichen aus Entspannungs- und Empfindungsübungen. In Sitzposition werden mit offenen Augen alle Körperteile systematisch und bewusst entspannt und anschließend Schritt für Schritt „empfunden". Dieses „Empfinden" ist eine intensive Aktivierung der Tiefensensibilität, vornehmlich des Stellungssinnes. Als zweiter Schritt wird geübt, die Schwerpunkte der drei Zentren (Bewegungszentrum, Gefühlszentrum und Denkzentrum) wahrzunehmen und bewusst zu empfinden. In weiterer Folge wird die Empfindung von Körperteilen mit der Empfindung der Zentren kombiniert.

In jeder Phase einer „inneren Übung" wird mit einer Teilung der Aufmerksamkeit gearbeitet. Dabei bezieht sich die gleichzeitige Wahrnehmung vorrangig auf die physische Perzeption: Propriozeptive und viszerozeptive Sinnesmodalitäten werden sensibilisiert.

4.4.3 Breema®: Körperarbeit und Bewusstseinsbildung basierend auf der Philosophie Gurdjieffs

Die Breema® Körperarbeit und die Breema-Philosophie entstanden in den 1980er Jahren in den USA. Malouchek Mooshan (1937–2012), der Begründer von Breema, stellte in Oakland, Kalifornien, einer Gruppe von Körpertherapeut*innen eine Vielzahl von körperlichen Übungen und Behandlungsabfolgen einer traditionellen Körperarbeit aus dem Mittleren Osten vor. In einem gemeinsamen Entwicklungsprozess entstanden

[201] Ouspensky 2010, S. 519

die „Neun Prinzipien der Harmonie“ und die auf der Lehre Gurdjieffs fußende Breema-Philosophie[202], für deren Verbreitung und Veröffentlichung der Arzt Jon Schreiber durch die Publikation zahlreicher Bücher maßgeblich verantwortlich ist. Die Behandlungssequenzen blieben durch eine intensive Dokumentation und ihre direkte weltweite praktische Vermittlung durch Ausbildungsprogramme in ihrer ursprünglichen Form erhalten.

Das Ziel von Breema ist, ebenso wie bei der Arbeit Gurdjieffs, durch die bewusste Wahrnehmung des Körpers präsent zu werden und eine harmonische Zusammenarbeit von Körper, Verstand und Gefühlen zu erwirken.

> „Mit diesem ausgeglichenen Zustand des Verstandes, der Gefühle und des Körpers können wir uns der Erfahrung dessen, was wir wirklich sind, nähern.“[203]

Durch die wiederholte Verbindung von mentalen Prozessen und körperlicher Aktivität, bei welcher sich die reaktiven Gefühle entspannen können, wird das Erleben von Gegenwärtig-Sein vertieft und gefestigt. Dieses Präsent-werden wird in Form von Selbst-Breema-Übungen, die am eigenen Körper gemacht werden, und durch Behandlungssequenzen im Austausch mit anderen geübt.

4.4.3.1 Die neun Prinzipien der Harmonie

Breema umfasst neun Arbeitsprinzipien[204], die die innere Haltung und körperliche Präsenz unterstützen. Bei jeder körperlichen Aktivität und bei jedem In-Kontakt-Treten mit anderen werden folgende neun Qualitäten miteinbezogen:

1. eine entspannte, „bequeme“ Körperhaltung einnehmen
2. sich selbst und anderen/anderem ohne Beurteilung begegnen
3. mit Bestimmtheit und Sanftheit in Kontakt treten

---

[202] Vgl. Schreiber 2000, in „Anmerkung des Autors“

[203] Schreiber/Berezonsky 2003, S. 6

[204] Vgl. Schreiber 2008 „Breema und die neun Prinzipien der Harmonie“

4. Bewegungen mit Beteiligung des ganzen Körpers durch Einsatz des Gewichts bzw. Verlagerung des Körperzentrums ausführen
5. so wenig Kraft wie möglich (durch Verwendung der Schwerkraft) anwenden
6. gegenseitige Unterstützung mit einbeziehen
7. sich selbst und anderen/anderem ohne „Extras“ wie assoziativen Gedanken oder Gefühlen begegnen
8. ohne Hast und ohne Unterbrechung vorgehen
9. in einem „einzigen“ Augenblick eine „einzige“ Aktivität ausführen

Als eine differenziertere Variante der Gurdjieffschen „Selbst-Beobachtung“ ist der erste Schritt zu einer präsenten Aktivität das „Registrieren“ (vom engl. *to register*) oder bewusste Wahrnehmen der Atmung, des Gewichts, der Haltung und der Bewegung des Körpers, des Gesichtsausdrucks und des Klanges der eigenen Stimme. Diese sechs „Tools“ sind immer verfügbar, dadurch kann die Praxis dieses Präsenztrainings in jede Alltagshandlung integriert werden.[205]

4.4.3.2 Breema und Selbst-Breema: Sensibilisierung der Körper- und Selbstwahrnehmung

Die *Breema-Körperarbeit* wird zu zweit praktiziert. Das Besondere daran ist, dass sie für die Person, die „behandelt“ als ebenso zentrierend und entspannend erlebt wird, wie für die Person, die die Behandlung empfängt. Dieser Prozess wird im Breema das Prinzip der „gegenseitigen Unterstützung“ genannt. Sowohl bei Selbst-Breema als auch bei Breema wird bei jeder Berührung und Bewegung die Aufmerksamkeit auf die Anwendung der neun Arbeitsprinzipien gelegt. Die Formen und Abläufe der Behandlungssequenzen machen es möglich, sich immer wieder der eigenen Atmung, des Gewichts, der Haltung und der Bewegung des Körpers bewusst zu werden. Die dabei ausgeführten Bewegungen und Berührungen wie Streichen, Halten, Klopfen, Kreisen und Wiegen, wer-

[205] Vgl. Schreiber 2000, S. 108

den dadurch in einer präsenten und absichtslosen Haltung ausgeführt. Diese innere Ausrichtung wird über die Berührung dem Körper des anderen kommuniziert. Es entsteht eine Atmosphäre von Wertschätzung und Achtsamkeit, in der beide Personen ihr Gegenwärtig-Sein vertiefen können.

Selbst-Breema-Übungen sind Kurzbehandlungen am eigenen Körper, die als Präsenz-Übungen vor und nach jeglicher körperlicher Aktivität ausgeführt werden können. Durch nährende und die Selbstwahrnehmung aktivierende Berührungen und einfache, lockernde und zentrierende Bewegungen wird die ganze Aufmerksamkeit auf das Erleben im Augenblick gelenkt. Selbst-Breema fördert den achtsamen Umgang mit dem eigenen Körper, verhilft zu „organischer" Bewegung, erdet und stärkt die „Körpermitte".

4.4.3.3 Körperzentrierte Meditation

Die körperzentrierte Meditation der Breema Körperarbeit ähnelt den Entspannungs- und Empfindungsübungen Gurdjieffs. Sie dient zur körperlichen Vorbereitung, bevor am eigenen oder mit dem Körper eines anderen Menschen gearbeitet wird. Eine körperzentrierte Meditation wird im Sitzen mit geschlossenen Augen ausgeführt und teilt sich in drei Phasen:

1. *Entspannungsphase:* Wahrnehmen der Wirkung der Schwerkraft auf den Körper, Lösen von „überflüssigen" Spannungen, die für die momentane Körperhaltung nicht notwendig sind.
2. *Gewichtsverlagerung/Schaukeln:* Das Gewicht wird von der Körpermitte aus zur Seite oder nach vorne und zurück verlagert. Dieses Schaukeln wird mit so wenig Anstrengung, so „natürlich" wie möglich ausgeführt. Da im Breema ein Großteil der Bewegungen durch eine bewusste Gewichtsverlagerung ausgeführt wird, ist diese Phase der körperzentrierten Meditation essentiell für die Körperarbeit. Das bewusste Wahrnehmen der Sitzhöcker und der Körpermitte beim Schaukeln hat eine zentrierende und erdende Wirkung.

3. *Bewusste Wahrnehmung der Atmung:* Die Atmung soll in der Breema Körperarbeit nie forciert und so natürlich wie möglich belassen werden. Das Beobachten des eigenen Atemrhythmus, ohne ihn zu beeinflussen, und die ganzkörperliche Wahrnehmung der Atembewegungen unterstützen den natürlichen, individuellen Atemfluss. Das bewusste Wahrnehmen und Annehmen des eigenen Atemmusters bildet im Breema die Tür zur wertschätzenden Begegnung mit sich selbst und in Folge mit anderen Menschen. Der Atem stellt mit der Wahrnehmung der Schwerkraft in der Breema Körperarbeit den Schlüssel zu Präsenz dar.

Eine vierte Phase, in welcher der Stellungssinn aktiviert wird, ist optional. In dieser Phase wird die Aufmerksamkeit auf die Position/die Haltung des Körpers gelenkt.

4.4.3.4 Hara – Das Zentrum der Integration im Breema

Sowohl in der Breema Körperarbeit als auch bei den Selbst-Breema-Übungen hat die Körpermitte, im Breema „Hara" genannt, eine zentrale Bedeutung. In der körperzentrierten Meditation wird die Wirkung der Atmung auf den Körper in Relation zum Hara beobachtet und das Gewicht der Körpermitte rhythmisch verlagert. Bei fast jeder Breema-Sequenz wird die Peripherie – die Gliedmaßen und der Kopf – mit dem Hara durch Streich- oder Lehnbewegungen verbunden. Die behandelnde Person führt dabei ebenfalls alle Bewegungen und Gewichtsverlagerungen „aus dem Hara heraus" aus. Die Betonung des Hara unterscheidet Breema stark von den Konzepten Gurdjieffs, bildet aber mit dem Fokus auf die Körpermitte eine Brücke zwischen den Movements und Inner Exercises und der Rhythmik, wie sie heute gelehrt wird.
Einer der einflussreichsten Theoretiker der Rhythmik in der Erwachsenenbildung, Rudolf Konrad, hat seine Körperbildung auf der Bewusstwerdung des „Leibzentrums" aufgebaut. Die Aktivierung der Körpermitte stellt für ihn das Tor zum Leibbewusstsein dar, welches den roten Faden des folgenden Kapitels bildet.

5 Die Somatomotorisch-ästhetische Bildung Rudolf Konrads

„Körperferne ist Bewußtseinsferne."[206]

Rudolf Konrad, im deutschsprachigen Raum einer der bedeutendsten Rhythmik-Pädagogen der zweiten Hälfte des 20. Jahrhunderts, war es zeitlebens ein großes Anliegen, Körper und Bewusstsein in Verbindung zu bringen.

In seinen früheren Büchern „Rhythmische Erziehung – Versuch einer Systematik" (1966) und „Rhythmus – Metrum – Form" (1979) setzte er sich primär mit den pädagogischen bzw. musikpädagogischen Inhalten der Rhythmik auseinander.

Im Fotoband „Ich – Wir – Wohin? Differenzierung menschlichen Verhaltens durch Rhythmik", welches 1972 mit dem Grafiker Peter Riefenstahl und dem Psychoanalytiker Gerhard Zacharias entstand, zeichnen sich erste Bezugnahmen zur später formulierten „Somatomotorisch-ästhetischen Bildung" ab:

> „Aus der inneren wie aus der äußeren Welt stammen die Wahrnehmungen des Körper-Ichs, stets vermittelt durch die Sinnesorgane, jedoch nur zum Teil bewußt, reflektiert. Die [...] Erkenntnisfähigkeit hat sich aus den meisten Teilen des Körpers evakuiert, fast automatisch werden Wahrnehmungserfahrungen in vorhandene, unflexible Muster eingebaut. Die Rhythmik bemüht sich, diese Verengung aufzuheben: Es geht darum, den ganzen Körper so zu sensibilisieren, daß er wieder Medium der Eigenwahrnehmung wie der Außenwahrnehmung sein kann, wodurch Selbst wie Welt transparenter, mehrdeutiger, umfunktionierbarer, überraschender, differenzierter, reicher werden."[207]

[206] Konrad 1995, S. 156

[207] Konrad/Riefenstahl/Zacharias 1972, S. 36

1984 gelang es Konrad mit seinem umfassenden Werk „Erziehungsbereich Rhythmik – Entwurf einer Theorie“, die pädagogische Struktur der Rhythmik in der Erwachsenenbildung und ihre Auswirkung auf Körper und Bewusstsein neu zu definieren und miteinander zu verknüpfen. In der ersten Hälfte dieses Buches wendet sich Konrad der Organisation des Erziehungsbereichs Rhythmik zu und ordnet die Felder, Mittel und Grobziele der Rhythmik neu. In der zweiten Hälfte, dem Kapitel „Somatomotorisch-ästhetischen Bildung“ und dem Anhang, versucht er, die Sinnfigur der Rhythmik mit den psychologischen und philosophischen Strömungen des 20. Jhdts. in Bezug zu setzen und sich somit auch dem „Bildungsauftrag“ der Rhythmik anzunähern. Der Begriff „Somatomotorik" ist dabei der Ausgangspunkt für eine Diskussion von Themen wie „Leib – Körper“, „Bewusstsein – Leibbewusstsein“ und „Zentrum – Mitte – Schwerpunkt“.
„Bildung“ bildet dabei den begrifflichen Rahmen, um auf etwas anderes hinzuführen: In der „Somatomotorisch-ästhetischen Bildung“ befasst sich Konrad nicht mit der Definition von Erziehungsinhalten oder -zielen, sondern letztendlich mit dem hinter der Rhythmik stehenden Menschenbild.

Der Aufbau dieses Kapitels orientiert sich am Kapitel „George I. Gurdjieffs Entwürfe zur Bewusstseinsbildung des Menschen“. Demnach stellt die „Somatomotorisch-ästhetische Bildung“ die übergeordnete „Idee“ dar, die durch Rhythmik und Konzentratives Körpertraining – als Übungen zur „Konkretion des Leibes“ – in Erfahrung gebracht werden kann.

Um Konrads Bedeutung für das Studium „Musik- und Bewegungspädagogik/Rhythmik“ an der Universität für Musik und darstellende Kunst Wien ermessen zu können, wird dem Hauptteil, in welchem die „Somatomotorisch-ästhetische Bildung“ präsentiert und untersucht wird, eine kurze Biographie vorangestellt.

5.1 Zur Person Rudolf Konrads[208]

Rudolf Konrad wurde am 9. Dezember 1922 in Königsberg, dem heutigen Kaliningrad, geboren. Er erhielt als Kind und Jugendlicher eine musikalische Ausbildung in der Stadtkapelle Königsbergs. Neben Flöte lernte er unter anderem Klavier. Er wurde erster Flötist im Infanteriekorps.

Im zweiten Weltkrieg führten ihn seine Dienste nach Frankreich und Russland, wo er 1944 in Gefangenschaft geriet. In seinem autobiographischen Roman „Die Schule von Sokologorowka" beschreibt er, wie es ihm gelang, durch eine Orchestergründung und seinem Engagement im Arrangieren und Komponieren zu überleben.

Nach seiner Befreiung 1949 studierte Konrad am Konservatorium Braunschweig und an der Musikhochschule Berlin Querflöte und Komposition. Eher zufällig lernte er das Fach „Rhythmik – Musik und Bewegung" bei Gertrud Gottschalk-Wegmann kennen, belegte es ebenfalls und schloss es mit einem Diplom ab.

Nach dem Studium arbeitete Konrad zunächst als Komponist und Orchestermusiker am Staatstheater Braunschweig. 1956 eröffnete er in Braunschweig das erste freie und unabhängige Institut für Rhythmik in Deutschland, dessen Leitung er bis 1974 innehatte. 1963 wurde eine Filiale in Berlin gegründet.

1966 erschien sein erstes pädagogisches Buch „Rhythmische Erziehung – Versuch einer Systematik".

1970 übernahm Konrad die Leitung des Studiengangs „Rhythmik" an der Hochschule für Musik und Theater nach Hannover und wurde 1975 dort zum Professor ernannt.

1972 veröffentlichte er den Fotoband „Ich – Wir – Wohin? Differenzierung menschlichen Verhaltens durch Rhythmik", 1979 folgte das musikpädagogische Fachbuch „Rhythmus – Metrum – Form".

1981 wurde Konrad an die Hochschule für Musik und darstellende Kunst

[208] Persönliche Information durch Ralph Illini, Universität für Musik und darstellende Kunst Wien, 17.3.2015

in Wien gerufen, um das Rhythmik-Studium zu reformieren.[209] Er wurde von mehreren seiner Absolvent*innen begleitet, um gemeinsam eine strukturelle und inhaltliche Neugestaltung durchzuführen. Zwei Lehrende seines damaligen Teams waren bzw. sind in Leitungsfunktionen der Abteilung Musik- und Bewegungspädagogik/Rhythmik der Universität für Musik und darstellende Kunst Wien tätig: Von 1982–88 und von 1992–2016 war Univ.-Prof. Ralph Illini Leiter der Abteilung „Musik- und Bewegungspädagogik/Rhythmik", seit 2002 ist Univ.-Prof.[in] Angelika Hauser-Dellefant Leiterin des Instituts für Musik- und Bewegungspädagogik/Rhythmik sowie Musikphysiologie.
1983 trat Konrad den vorzeitigen Ruhestand an und widmete sich aktiv der bildenden Kunst.
1984 erschien schließlich sein Hauptwerk „Erziehungsbereich Rhythmik – Entwurf einer Theorie".
Noch in späteren Jahren, 1988–89, nahm er eine zweite Gastprofessur an der Hochschule für Musik und darstellende Kunst Wien an.

Rudolf Konrad starb am 8. November 2009 in Hannover.

5.2 Leibbewusstsein – Leibbewusstheit

Wie in Kapitel 3.3.1 erläutert, stellt bei Konrads Konzept der „Somatomotorisch-ästhetischen Bildung" das unmittelbare Ziel die Wiedergewinnung des „Leibes" dar, welche er „Konkretion des Leibes" nennt. Das übergeordnete Ziel bildet das „Leibbewusstsein" und als seine dauerhafte Manifestation die „Leibbewusstheit".

Bei der Annäherung an das Phänomen des Leibbewusstseins zieht Konrad einerseits verschiedenste philosophische, psychotherapeutische und religiöse Zugänge heran, andererseits beruft er sich auf die Bewusstseinsstrukturen des Kulturphilosophen Jean Gebser.

[209] Leeb 2016, Interview mit Angelika Hauser-Dellefant, Anhang A

5.2.1 Merkmale des Leibbewusstseins[210]

Um die „Kennzeichen“ des Leibbewusstseins zu beschreiben, recherchiert Konrad in den Bereichen Philosophie, Anthropologie, Literatur, Religion, Religionswissenschaft und Psychotherapie und versucht unter Berücksichtigung der Entstehungszeit der jeweiligen Theorien sowie der betreffenden Kultur Ähnlichkeiten, Deckungsgleichheiten oder Divergenzen herauszuarbeiten. Im Bereich der Psychotherapie untersucht er vor allem Parallelen zwischen Fritz Pearls Gestalttherapie, Alexander Lowens Bioenergetik und den Grundgedanken von C. G. Jung, Wilhelm Reich und Hilarion Petzold.

Er ordnet die Ergebnisse in vier Gruppen:

1. Vitale Evidenz

Dieser Begriff aus der Integrativen Therapie von Hilarion Petzold bezeichnet das Zusammenwirken „von rationaler Einsicht, emotionaler Erfahrung, leibhaftigem Erleben in Bezogenheit, d.h. mit sozialer Bedeutsamkeit“[211]. Zum Merkmal der „Vitalen Evidenz“ reiht Konrad auch den Zustand des *Sartori* (aus dem japanischen Zen, ein Jenseits der Grenzen des Ich), die *Intuition* (zur Gewissheit gewordene Einsicht), sowie den *Punkt Omega* von Teilhard de Chardin und die *Individuation* im Sinne C. G. Jungs.

2. Zentrum

Ein weiteres Kennzeichen für Leibbewusstsein ist das Vorhandensein eines Lebenszentrums, welches in der Bauchregion lokalisiert ist.
Konrad bezieht sich hier auf den japanischen und durch Karlfried Graf Dürckheim verbreiteten Begriff des *Hara*. Bei Dürckheim ist das Hara zugleich Zentrum und „Tor“ zu Bewusstheit:

[210] Vgl. Konrad 1995, S. 158ff
[211] Petzold 2003, S. 694

> „Hara bedeutet gleichsam ein ‚Verbindungsstück' zwischen dem überraumzeitlichen Sein und dem raumzeitlichen Dasein, also diejenige Gesamtverfassung, in der der Mensch […] durchlässig geworden ist für die schöpferische und erlösende Wirksamkeit des ursprünglichen Lebens, an dessen übergegensätzlicher Einheit er in seinem Wesen teilhat."[212]

Als weitere Synonyma nennt Konrad *Übung der Mitte*, *Haltung in der Mitte*, *Lebenskraft* und *Schwerpunkt.* In diese Gruppe reiht er auch Begriffe wie *Kern*, *Wesenskern*, *Wesensgrund* und schließlich auch das *Selbst* ein.

3. Diaphanie

Dieser von Gebser geprägte Begriff bezeichnet das durch alle Strukturen hindurchscheinende Bewusstsein, welches laut Konrad mit Dürckheims *Transparenz* oder Freuds *Durchlässigkeit zwischen Ich, Es und Über-Ich* verwandt ist. Auch das *Supramentale Bewusstsein* (Sri Aurobindo) und die *Vegetative Identifikation* (David Boadella) ordnet Konrad in die Nähe der Diaphanie ein.

4. Energie

Als viertes Merkmal von Leibbewusstsein nennt Konrad die Lebensenergie, welche im „Soma" zentriert ist. Diese Energie ist deckungsgleich mit Wilhelm Reichs *Orgon*, Alexander Lowens *Bioenergetik*, dem chinesischen *Chi* oder dem indischen *Prana.*

Die zentralen Merkmale *Vitale Evidenz* und *Diaphanie* vereint Konrad mit dem alten Ausdruck der „Gewissheit": Sie sind nur durch das unmittelbare, eigene Erleben erfahrbar. Aus der Auseinandersetzung mit *Zentrum* und *Energie* leitet er ab, dass Leib und Mensch in allen untersuchten Fachgebieten zusammen gesehen werden. Dieser „Leibmensch" verfügt über eine Energie, die sich in einem Zentrum manifestiert und über dieses erschließen lässt.

---

[212] Dürckheim 1981, S. 109

5.2.2 Die vier Bewusstseinsmutationen nach Jean Gebser

Zur Annäherung an den Zustand der Leibbewusstheit orientiert sich Konrad an den Bewusstseinsstrukturen Jean Gebsers[213]. Konrad nennt diesen kulturanthropologischen Entwurf „Die Metamorphose des Bewusstseins", Gebser nennt sein Konzept „Die vier Bewusstseinsmutationen".

Der Begriff „Mutation" wurde von Gebser bewusst gewählt, weil er „am besten das seit dem *Ur-Sprung* im Bewusstsein sprungartig sich vollziehende Geschehen umschreibt"[214] und sich dabei von wertenden Begriffen wie „Fortschritt", „Entwicklung" und „Entfaltung" abhebt. Die vier Bewusstseinsmutationen vollziehen sich zwischen fünf Strukturen. Auch hier spricht Gebser bewusst von „Strukturen", und nicht von „Stufen", „Schichten" oder „Ebenen". Sie stehen weder in einer Hierarchie, noch in einer räumlichen Anordnung zueinander.

Aus dem Ursprung, der archaischen Struktur, gehen drei Bewusstseinsstrukturen hervor: die magische, die mythische und die mentale. Sie konstituieren den Menschen und können in der (in der Zukunft liegenden) fünften „integralen" Struktur vergegenwärtigt werden:

> „Erst wenn sie infolge einer Konkretion integriert sind, können sie, zwar nicht mental erhellt, wohl aber *integral durchsichtig und gegenwärtig* werden: das heißt *transparent oder diaphan.*"[215]

---

[213] Jean Gebser (1905–1973) gilt als einer der ersten Bewusstseinsforscher, die das menschliche Bewusstsein aus einem kulturhistorischen Blickwinkel unter Einbezug der bildenden Kunst und der Entstehung der Perspektive erforscht und definiert haben. Mit seinem umfassenden Werk „Ursprung und Gegenwart. Geschichte einer Bewusstwerdung" entwirft er ein Modell von Bewusstseinsstrukturen, welche sich unter Veränderung von räumlichen und zeitlichen Dimensionen in sogenannten „Mutationen", in „Bewusstseinssprüngen", entfalten. Gebsers Konzept des „Integralen Bewusstseins" bildet gemeinsam mit dem „Integralen Yoga" von Sri Aurobindo (1872–1950) die Basis für die „Integrale Theorie", als deren bekanntesten Vertreter Ken Wilber, Don Beck und Ervin Lászlό gelten.

[214] Gebser 1999, S. 74

[215] Ebd., S. 168

Die Beschreibung der Strukturen wird durch Konrads Zuordnungen zu entwicklungspsychologischen Phasen[216] ergänzt.

1. Der Ursprung oder die archaische Struktur

Die archaische Struktur ist jene Struktur, die „anfänglich mit dem Ursprung selbst identisch ist"[217]. Ihre Bezeichnung leitet Gebser vom griech. *arché* („Anfang", „Ursprung") und nicht vom griech. *archaïkós* („altertümlich") ab. In der archaischen Struktur herrscht noch eine völlige Identität von Mensch und All. Sie ist nulldimensional, das heißt „vorräumlich" und „vorzeithaft", und kann mit dem Zustand des traumlosen Tiefschlafs verglichen werden. Konrad ordnet ihr entwicklungspsychologisch den Zustand des Kindes im Mutterleib zu.

2. Die magische Struktur

Der Mensch „tritt aus der nulldimensionalen, archaischen Struktur der *Identität* in die eindimensionale der *Unität* hinaus"[218]. Diese Struktur ist durch Emotion und ein „Wir-Gefühl" geprägt. Charakteristisch für den „magischen" Menschen sind die Ichlosigkeit, seine punkthaft-unitäre Welt und sein Eingeflochtensein in die Natur und seine Stammeswelt. Infolge der magischen Struktur versucht sich der Mensch aus dieser bindenden und bannenden Naturverflochtenheit zu lösen. Götzen, Idole, Mantik, Zauber und Ritual haben hier ihre Wurzel.[219] „Machen" und „Macht" bilden zwar die grundlegenden Dynamiken des „magischen" Menschen[220], sein Bewusstsein befindet sich aber noch in einem „Schlaf-

---

[216] Vgl. Konrad 1995, S. 167f

[217] Gebser 1999, S. 83

[218] Ebd., S. 87

[219] Vgl. ebd., S. 96

[220] Über die gemeinsame indoeuropäische Sprachwurzel *„mag(h)-"* von „Machen", „Mechanik", „Maschine" und „Macht" zieht Gebser Parallelen zur Gegenwart: „Und nicht nur unsere Maschinen und unsere Mechanik, auch unsere Machtpolitik entspringen letztlich dieser magischen Wurzel: die Natur, die Umwelt und die Anderen müssen beherrscht werden, damit der Mensch nicht von ihnen beherrscht werde". Gebser 1999, S. 96

zustand“: „Magie ist Tun ohne Wach-Bewusstsein.“[221]
Gebser datiert anhand von archäologischem Material die „magische Phase“ zwischen 40.000–30.000 v. Chr. und 4000 v. Chr. – 800 n. Chr.: Allen Darstellungen ist in allen untersuchten Kulturen gemeinsam, dass die Menschen mundlos abgebildet wurden. Er leitet daraus ab, dass das „Gehörte“, die Laute der Natur, noch eine größere Bedeutung hatten als später in der mythischen Struktur das „Gesprochene“. Sowohl Gebser als auch Konrad vergleichen diese „vorsprachliche“ Struktur mit dem Stadium des Säuglings und des Kleinkindes bis zum dritten Lebensjahr.

3. Die mythische Struktur

Bereits in den sprachwissenschaftlichen Erläuterungen Gebsers wird die Polarität dieser Struktur sichtbar: So leitet Gebser den Namen dieser Struktur einerseits aus dem *griech. mytheomai* („reden“, „sprechen“, „sagen“), andererseits durch die gemeinsame Wurzel *„mu-“* aus dem griech. *myein* („sich schließen“) und dem lat. *mutus* („stumm“) ab.

> „Führte die archaische Struktur durch den Verlust der Ganzheit zur Einheit der magischen Struktur und war damit ein erstes dämmerhaft zunehmendes Bewußtwerden des Menschen […], so brachte die magische Struktur […] eine Herauslösung aus der Natur und damit die Bewußtwerdung der Außenwelt. Die mythische Struktur nun führt zu einer Bewußtwerdung der Seele, also der Innenwelt.“[222]

Der mythisch strukturierte Mensch kann nun „Ich“ empfinden und tritt dadurch in ein neues Verhältnis zum „Du“. In bildreichen Darstellungen erscheint nun der Mund. In ihrer „zweidimensionalen“ Polarität ist die mythische Struktur sowohl über den „Mythos“, die Aussage, den Bericht, definiert, also auch über das „schweigende Nach-Innen-Sehen“, das „Angesichtigwerden der Seele“[223].
Aus der magischen Grundhaltung des Instinktes und des Gefühls treten

[221] Gebser 1999, S. 105
[222] Ebd., S. 113
[223] Zum Begriff der „Seele“ siehe auch Kapitel 2.3.3

nun die Qualitäten der „Psyche“ ans Licht: die Fähigkeit der Imagination und des Empfindens. Aus den Götzen, dem Idol und dem Ritual werden die Götter, das Symbol und die Mysterien.[224]

Die Mutation von magischer zu mythischer Bewusstseinsstruktur lässt sich vom Auftreten von astronomischen Äußerungen und Kalenderformen in der babylonischen, ägyptischen und mexikanischen Kultur und von gewissen abendländischen Kunstwerken aus dem zweiten Jahrtausend v. Chr. ableiten.[225]

Konrad misst der mythischen Struktur durch ihren „unterbewussten“ und traumhaften Charakter eine wichtige Rolle in der Psychologie und Psychotherapie bei und setzt sie durch die Entwicklung des „Ich“ mit der Entwicklungsstufe eines Kleinkindes zwischen dem dritten und sechsten Lebensjahr in Beziehung.

4. Die mentale Struktur

Die mentale Struktur ist diejenige, in der wir gegenwärtig leben. Konrad bezeichnet sie als „die Geburtsstunde des gerichteten Denkens, welches seine Kraft aus dem einzelnen Ich bezieht"[226].
Die mentale Struktur vergleicht Gebser mit dem Wachzustand des Menschen, Konrad ordnet ihr die Phase vom 7. Lebensjahr bis zur Pubertät zu:

> „Es ist die Phase der Begegnung und Prüfung von ‚Wirklichkeit’, die weiterführend mit dem bedeutungsvollen biologischen Drehpunkt Pubertät endet.“[227]

Für Gebser ist das sichtbare Merkmal der Mutation von mythischer zu mentaler Bewusstseinsstruktur das Aufscheinen der Perspektive in der Malerei ab 1250 n. Chr.
Er definiert 1500 als das „Entscheidungsjahr“, in dem die europäische

[224] Vgl. Gebser 1999, S. 220
[225] Vgl. ebd., S. 107
[226] Konrad 1995, S. 164
[227] Ebd., S. 168

unperspektivische Welt – das Mittelalter – in die europäische perspektivische Welt endgültig „herausmutierte“.[228] Als Absprungbasis für diesen Wandel nennt Gebser „drei große Leistungen, die alle den perspektivischen Ansatzpunkt bereits enthielten“[229]: die griechische Wissenslehre, die jüdische Heilslehre und die römische Rechts- und Staatslehre.
Begrifflich gründet Gebser die mentale Struktur auf die Wurzel *„ma-“*, die „Denken“ und „Messen“ bedeutet.

> „Es ist eine Welt des Menschen [...], in welcher der Mensch selber denkt und dieses Denken richtet; und es ist eine Welt, die er mißt, nach der er trachtet, eine materielle Welt, eine Objektwelt, die ihm gegenübersteht. Im Keime sind die großen formgebenden Begriffe hier enthalten, Begriffe, die mentale Abstrakta sind und die an die Stelle mythischer Bilder treten, Abstrakta, die in einem gewissen Sinne Götterschemen, also Götzen sind: Anthropomorphismus, Dualismus, Rationalismus, Finalismus, Utilitarismus, Materialismus: kurzum die rationalen Komponenten der perspektivischen Welt.“[230]

Anstelle der Imagination und Polarität treten nun die Abstraktion und Dualität. „Der denkende Mensch wendet sich von seiner Vergangenheit ab und richtet sich einseitig der Zukunft zu.“[231]
In diesem dualen Gegensatz stehen sich als positive Folge die Konkretisierung und als negative Komponente die Fixierung und Sektionierung gegenüber. Das rationale Denken der Gegenwart, das Gebser als „Defizienzform“ der mentalen Struktur bezeichnet, wandelte die Abstraktion zur Isolation und die Quantifizierung zur Vermassung.[232]

> „Und es ist der radikale Rationalismus, der, wie man es wohl nennen darf, das ‚Zeitalter der Weltkriege' hervorrief.“[233]

---

[228] Vgl. Gebser 1999, S. 125f
[229] Ebd., S. 126
[230] Ebd., S. 132
[231] Konrad 1995, S. 165
[232] Vgl. Gebser 1999, S. 160
[233] Ebd., S. 161

5. Die integrale Struktur

Die neue, fünfte Struktur, auf die Gebser vorgreift, nennt er die integrale Struktur. Sie soll das vereinen, „was urverwandt zusammengehört: Mentales und Materie“[234].

Die integrale Struktur lässt sich schwer in den Worten der mentalen Struktur beschreiben. Weder ist sie durch Synthese noch durch Reaktivierung der ihr zugrundeliegenden Strukturen zu erfassen, da sie jenseits einer perspektivischen und dualen Denkstruktur liegt. Als Vorraussetzung für die integrale Struktur nennt Gebser die Fähigkeit der Konkretisierung. „Denn es kann nur das Konkrete, niemals das Abstrakte integriert werden.“[235]
Dem integrierenden Menschen werden in einer weiteren Bewusstseinsmutation die Strukturen, die ihn konstituieren, bewusst und "durchsichtig". Dabei werden die tiefer liegenden Strukturen nicht mental „erhellt“, sondern „intensiviert“. Eine Erhellung durch eine rationale Erkenntnis würde implizieren, dass Intelligenz und rationale Schärfe mit dem Bewusstsein identisch sind. Der Prozess der Diaphanie ist demnach nicht als Bewusstseins*erweiterung*, sondern als Bewusstseins*intensivierung* zu verstehen.[236]
Der Schlüssel zum „diaphanen“, integralen Bewusstsein stellt dabei die „Wahrnehmung“ dar:

> „So wenig wie die magische Struktur vorstellbar ist, sondern nur erlebbar, so wenig die mythische vorstellbar ist, sondern nur erfahrbar, so wenig die rationale erlebbar oder erfahrbar ist, sondern nur denkbar und vorstellbar, so wenig ist die integrale Struktur vorstellbar, sondern nur wahrnehmbar.“
> „Angesichts dieser vier Strukturen, angesichts dessen, daß außer der Ursprünglichkeit auch das Erlebnis und die Erfahrung und die Vorstellung oder das Denken durch uns geleistet werden müssen,

[234] Gebser 1999, S. 165
[235] Ebd., S. 167
[236] Vgl. ebd., S. 168

> kann eine fünfte nicht durch eine Synthese, sondern nur durch eine Integrierung erreicht werden. Und einer der ‚Wege' zu dieser Integrierung ist, die bisherigen Strukturen, so wie sie uns konstituieren, zu konkretisieren; das aber heißt gleichzeitig auch, daß sie uns in ihrem jeweiligen Bewußtseinsgrade bewußt und gegenwärtig werden. Denn nur das Gegenwärtige ist wahrnehmbar, so wie jedes Wahrnehmen ein wahrgebendes Gegenwärtigen ist."[237]

Dieses Wahrnehmen bezeichnet Gebser als ein ganzheitliches Geschehen: Durch die Diaphanie wandelt sich das „Ich" der mentalen Struktur in das „Sich" der integralen Struktur.
Der Mensch ist zwar immer das Ganze seiner Mutationen, doch „nur insofern es ihm gelingt, die Ganzheit zu leben, ist sein Leben ein ganzheitliches".

Gebser fasst die Bedeutung und Wirkung der fünf Strukturen in folgenden Punkten zusammen[238]:

1. Alle Strukturen konstituieren uns.
2. Alle Strukturen müssen ihrem konstitutionellen Wert gemäß gelebt werden, wenn wir ein ganzes Leben leben wollen.
3. Keine Struktur darf deshalb negiert werden. Die Negierung tritt aber in dem Moment ein, da die eine oder die andere Struktur überbetont wird, was zur Folge hat, dass sich die Akzentuierung auf ihre defizienten Äußerungsformen verlagert, die stets quantitativer Art sind.
4. Gewisse Grundzuschreibungen und charakteristische Begriffe, die wir den einzelnen Strukturen zuteilen, machen ihre Wirkung deutlich.

Dieses Phänomen der „Diaphanie" der integralen Bewusstseinsstruktur setzt Konrad mit dem geeinten „Leib" im Sinne eines „Leibbewusstseins" gleich:

[237] Gebser 1999, S. 365f
[238] Vgl. ebd., S. 231f

> „Vom Standpunkt eines ‚integralen Bewußtseins', den wir für einen Augenblick annehmen oder einnehmen, dürfte für das Phänomen der Diaphanie nur das Wort ‚Leib' infrage kommen."[239]

Dieses Leibbewusstsein ist nicht identisch mit „Bewusstsein", allerdings eine seiner Vorraussetzungen.[240] Der Begriff „Leib" wird dadurch von Konrad eng mit „Bewusstsein" verknüpft. Bedeutet Körperferne Bewusstseinsferne, kann Bewusstsein nur durch eine „Leibwerdung" erlangt werden:

> „Als Hypothese gilt verschärft formuliert die Annahme, daß das soma über eine autonome Intelligenz verfügt, die es gilt zu entdecken, zu entfalten und in ihrer Existenz zu sichern, d.h., in unserer Kultur ist der Prozeß der Leibwerdung ein (somatomotorischer) Bewußtseinsprozeß."[241]

5.2.3 Die Bewusstseinsmutationen aus neurobiologischer Sicht

Eine Brücke zwischen „Leib" und „Bewusstsein" und zwischen Gebsers Bewusstseinsstrukturen und der gegenwärtigen Hirnforschung lässt sich durch den Zugang des Neurobiologen Gerald Hüther schlagen. In seinem Buch „Bedienungsanleitung für ein menschliches Gehirn" bezieht er sich zwar nicht ausdrücklich auf Jean Gebser, es lässt sich jedoch ein direkter Bezug zu seiner neurobiologischen Erklärung der phylo- und ontogenetischen Entwicklung des Bewusstseins herstellen.

Hüther beleuchtet die Entwicklung des menschlichen Bewusstseins aus dem Blickwinkel der Theorie der *nutzungsabhängigen Plastizität*[242].

---

[239] Konrad 1995, S. 170

[240] Vgl. ebd., S. 157

[241] Ebd., S. 157

[242] „Das Konzept der nutzungsabhängigen Plastizität („experience dependent plasticity") impliziert, dass die Strukturierung des menschlichen Gehirns im hohen Maß durch die individuellen Erfahrungen gelenkt wird, die ein Mensch insbesondere während dieser Phase neuronaler Ausreifungsprozesse in seinem jeweiligen sozialen und kulturellen Umfeld macht, zu machen Gelegenheit hat oder zu machen gezwungen ist.

„Wir Menschen […] haben ein Gehirn, das sich erst durch die Art seiner Benutzung gewissermaßen selbst programmiert. Wir müssen uns also entscheiden, wie und wofür wir es benutzen. Entschließt sich ein Mensch, gar keine derartige Entscheidung zu treffen, so werden die endgültigen Verschaltungen in seinem Gehirn automatisch durch die genetischen Prädispositionen und die Gegebenheiten bestimmt, unter denen er aufwächst und lebt.“[243]

Auch Hüther weist in seinen eigenen Worten auf die Defizienz der mentalen Bewusstseinsstruktur hin und sieht einen Ausweg in der Integration der bereits entwickelten Strukturen und der daraus entstandenen Fähigkeiten und Fertigkeiten:

„Und solange all dieses Wissen und die daraus abgeleiteten Fähigkeiten und solange all diese Erfahrungen und die daraus abgeleiteten Erkenntnisse nicht in einem späteren Taumel der Orientierungslosigkeit wieder zerstört oder unbrauchbar gemacht werden, beginnt sich der von den Menschen in den unterschiedlichsten Kulturkreisen über viele Generationen hinweg gesammelte Erfahrungsschatz immer stärker auszuweiten und miteinander zu verschmelzen.“[244]

Dieser Prozess vollzieht sich bei Hüther in vier Stufen. Er nennt sie die Stufen der Wahrnehmung, der Empfindung, der Erkenntnis und des Bewusstseins.

„Auf jeder dieser Stufen werden neue Möglichkeiten für eine umfassendere, komplexere Nutzung des Gehirns eröffnet und damit auch immer bessere Vorraussetzungen für die Entfaltung der Po-

Nur unter entsprechend günstigen Rahmenbedingungen kann das anfänglich angelegte Potenzial auch weitgehend genutzt und in Form entsprechend komplexer neuronaler Verschaltungsmuster stabilisiert werden. Unter weniger günstigen Bedingungen kommt es zur Stabilisierung einfacherer aber dafür robusterer Verschaltungsmuster und damit zur Verbesserung einzelner Teilleistungen auf Kosten von Komplexität und Kohärenz […].“ Quelle: Hüther 2015, http://www.gerald-huether.de/populaer/ueber-gerald-huether/wofuer-ich-arbeite/

243 Hüther 2013, S. 99

244 Ebd., S. 102

> tenzen zur Herausbildung eines menschlichen Gehirns geschaffen."[245]

Dieser Wandel vollzieht sich ebenfalls in Form eines Sprungs, wobei sich dieser durch Impulse von Einzelpersonen in einer defizienten oder sogar rückläufigen Phase „ankündigt":

> „Unter besonders günstigen Bedingungen gelingt den Menschen eines bestimmten Kulturkreises bisweilen ein besonders großer Sprung auf dieser Stufenleiter. Doch neben diesen Sternstunden gibt es auch immer wieder Bedingungen, die den Rückfall von einer bereits erreichten, komplexeren, aber noch instabilen Ebene auf eine einfachere, dafür aber stabilere Stufe der Benutzung des Gehirns begünstigen. Selbst unter den günstigsten Bedingungen sind es zunächst nur einzelne Vorreiter, denen der Sprung auf eine komplexere Ebene gelingt und die diesen Weg für viele andere begehbar machen."[246]

Innerhalb jeder dieser Stufen beschreibt Hüther wiederum eine Stufenleiter, die mit Gebsers „effizienter" und „defizienter" Entwicklung jeder Bewusstseinsstruktur verglichen werden kann.

1. *Die Stufenleiter der Wahrnehmung*[247]

Die Wahrnehmung von inneren und äußeren Prozessen über die interozeptiven und exterozeptiven Sinne, und die neuronalen Antworten und Reaktionen des Gehirns zur Aufrechterhaltung und Wiederherstellung der inneren Ordnung, der Homöostase, bezeichnet Hüther als die unterste, primitivste Stufe der Wahrnehmungsfähigkeit, die bei Mensch und Tier gleichermaßen ausgeprägt ist. Beim Menschen ist diese Fähigkeit durch die Vernetzung mit dem limbischen System und dem assoziativen Kortex an ein Bewertungssystem gekoppelt. Der Mensch ist dadurch in der Lage, ganz bestimmte Veränderungen seiner äußeren, aber auch sei-

[245] Hüther 2013, S. 102
[246] Ebd., S. 102f
[247] Vgl. ebd., S. 103ff

ner inneren Welt als besonders wichtig zu erachten. Diese Fähigkeit der Wahrnehmungssensibilisierung bringt mit sich, dass er auf der einen Seite seine Sinne in ganz bestimmter Weise „schärfen“ kann, auf der anderen Seite bewusst und unbewusst unterdrücken, also „abstumpfen“ kann.

Als höchste Stufe der Wahrnehmungsfähigkeit des menschlichen Gehirns bezeichnet Hüther die Fähigkeit, alle Sinne – sowohl interozeptive als auch exterozeptive – gleichzeitig zu schärfen und diese gleichzeitig und gleichgewichtig zu gebrauchen. Diese bedarf jedoch eines intensiven Lernprozesses, der auf eine Balance zwischen Gefühlen und Gedanken, Abhängigkeit und Autonomie, Offenheit und Abgrenzung, „Festhalten“ und „Loslassen“ ausgerichtet ist. Als Rahmenbedingungen für einen solchen Lernprozess nennt Hüther „Muße, ein stabiles inneres Gleichgewicht und einen festen Willen“[248]. Sind diese nicht gegeben, wird die Wahrnehmungsfähigkeit des Menschen „dann eben ohne sein Zutun, sozusagen automatisch, an die Art und Weise angepasst, wie er seine Sinne benutzt“[249].

2. *Die Stufenleiter der Empfindungen*[250]

Als nächste Entwicklungsstufe beschreibt Hüther die Verknüpfung der Wahrnehmung mit einem Gefühl. „Immer dann, wenn in der äußeren Welt oder aber in der vom Gehirn wahrgenommenen Körperwelt eine Veränderung auftritt, die zu einer Verschiebung des bisherigen Gleichgewichts, der bisherigen Harmonie der im Gehirn ablaufenden Informationsverarbeitungsprozesse führt, entsteht eine Gefühl.“[251] Als drei Grundgefühle nennt Hüther Angst, Freude und Überraschung. Stellt die Veränderung eine Bedrohung der inneren Ordnung dar, entsteht als Grundgefühl von Verunsicherung, Verzweiflung, Ohnmacht oder Hilflosigkeit *Angst.* Ist es dem Menschen gelungen, die innere Ordnung wieder herzustellen und die Angst zu besiegen, stellt sich als Grundgefühl von

[248] Hüther 2013, S. 107
[249] Ebd., S. 107
[250] Vgl. ebd., S. 108ff
[251] Ebd., S. 108

Hoffnung, Befriedigung oder Zuversicht *Freude* ein. Ist nicht klar, wie diese Veränderung zu bewerten ist, entsteht *Überraschung*.

Die Fähigkeit, diese drei Grundgefühle zu kommunizieren ist ebenfalls eine Eigenschaft, die auch bei Tieren ausgeprägt ist. Während der „Menschwerdung" muss aber vor allem die Kommunikation durch Gestik, Mimik und Lautäußerungen eine herausragende Rolle gespielt haben. Sowohl die Begabung, Empfindungen zum Ausdruck zu bringen, als auch wichtige Gefühle beim anderen Menschen zu erkennen, ist bereits als genetische Prädisposition angelegt. Wie bei der Wahrnehmungsfähigkeit ist es jedoch auch hier von den Rahmenbedingungen eines aufwachsenden Menschen abhängig, wie sich die Empfindungs- und nonverbale Kommunikationsfähigkeit entwickelt. „In unsicheren Bindungen gefangene Kinder lernen erstaunlich rasch, ihre Gefühle nicht zu zeigen, sie zu verstecken oder sogar bestimmte Gefühle zum Ausdruck zu bringen, die sie in Wirklichkeit gar nicht empfinden […]."[252]

Auf der untersten Stufe der Empfindungsfähigkeit ist somit das Fühlen, und damit auch das Denken und Handeln von Selbstbezogenheit bestimmt.

Als höchste Stufe der menschlichen Empfindungsfähigkeit bezeichnet Hüther die Fähigkeit, Mitgefühl und Empathie zu empfinden. Das Vermögen, die vom anderen Menschen nonverbal zum Ausdruck gebrachten Gefühle differenziert wahrzunehmen und zu verarbeiten, zeichnet das menschliche Gehirn gegenüber allen anderen Nervensystemen aus.

3. *Die Stufenleiter der Erkenntnis*

Die relativ späte Entwicklung der Fähigkeit, zu erkennen, dass bestimmte Wirkungen auf bestimmte Ursachen zurückzuführen sind, beruht auf dem Prozess, dass Wahrnehmungen und Gefühle durch den Vergleich mit gemachten Erfahrungen bewertet werden.

Die unterste Stufe der Erkenntnisfähigkeit des Menschen – und auch mancher Affen – stellt die „Wenn-dann-Erkenntnis" dar: Aus unbewussten Erfahrungen, die gesammelt wurden, wird eine einfache Ursache-

[252] Hüther 2013, S. 110

Wirkung-Beziehung hergestellt. Eine überstarke Kanalisierung des Denkens in Ursache-Wirkung-Beziehungen hat zur Folge, dass Menschen auf dieser Stufe der Erkenntnis stehenbleiben und die ganze Welt durch dieses Gesetz betrachten und für erkennbar halten.
Die Erkenntnis, dass „die wahrgenommenen Phänomene der äußeren Welt das Resultat komplexer, schwer durchschaubarer und oftmals nicht vorhersehbarer Interaktionen sind“[253], bringt den Menschen auf den Weg zur höchsten Sprosse der Erkenntnis: der Selbsterkenntnis. Diese impliziert die Erfahrung, dass „alles was man tut, Spuren hinterlässt, auch in einem selbst“[254].

4. Die Stufenleiter des Bewusstseins

In Hüthers Beschreibung der Stufenleiter des Bewusstseins sind starke Parallelen zu Gebsers Bewusstseinsstrukturen zu finden. Sowohl die phylo- als auch die ontogenetische Entwicklung beginnt dabei „mit dem allmählichen Heraustreten eines kleinen, aber wachsenden und zunehmend klarer und unabhängiger werdenden Kerns innerer Erfahrung aus einem traumhaften Zustand faktischer Identität mit dem Leben des Körpers und seiner physischen Umwelt“[255]. Diesen Prozess bezeichnet Hüther als das Verlassen der „ursprünglichen Stufe des mythischen Bewusstseins“ und vergleicht sie mit dem „Erwachen aus einer paradiesischen Empfindung der Einheit mit der Welt“[256]. Auch bei Gebser sind die Ursprünge des mythischen Bewusstseins, die archaische und magische Bewusstseinsstruktur, durch Identität und Einheit geprägt. Bei Hüther beginnt nun der Mensch, „sich als autonomes, freies, selbständig entscheidendes und wertendes Ich zu begreifen“[257]. Diesen Übergang bezeichnet er wie Gebser als „Sprung“ zu einem „ichbezogenen (Selbst-) Bewusstsein“, der in manchen Kulturen bis heute noch nicht vollständig abgeschlossen ist.

---

[253] Hüther 2013, S. 114
[254] Ebd., S. 114
[255] Ebd., S. 116
[256] Ebd., S. 116
[257] Ebd., S. 116

Als unterste Stufe oder negative Ausformung des Ich-Bewusstseins nennt Hüther eine heutzutage verbreitete „pseudoautonome Selbstbezogenheit“. Diese Fehlentwicklung entsteht dadurch, dass dem Menschen schon im Kindesalter bestimmte Vorstellungen über sich selbst und über seine Stellung in der Welt aufgezwungen oder aufgedrängt werden und es in den meisten Gesellschaftssystemen immer weniger ermöglicht wird, dass das Selbstbewusstsein im Menschen selbst und aus ihm selbst heraus erwachsen und reifen kann. Als höchste Stufe aus dieser Stufenleiter nennt Hüther schließlich das transzendentale oder transpersonale Bewusstsein, welches eine übergreifende Vorstellung vom Wesen des Menschen und seiner Stellung in der Welt innehat.

> „Es ist gegenwärtig schwer vorstellbar, dass irgendwann alle Menschen bis zu dieser höchsten Stufe des Bewusstseins gelangen. Aber der Umstand, dass sie immer wieder von einzelnen Menschen erreicht worden ist, zeigt uns bereits heute, daß ein menschliches – und nur ein menschliches Gehirn – prinzipiell dazu befähigt ist.“[258]

Der Hauptmotor für eine Entwicklung auf den Stufenleitern der Wahrnehmung, der Empfindungen, der Erkenntnis und des Bewusstseins stellt eine Fähigkeit dar, die das menschliche Gehirn auszeichnet: „die Fähigkeit, sich selbst immer wieder neu in Frage zu stellen“[259].

---

[258] Hüther 2013, S. 118
[259] Ebd., S. 120

5.3 Leibzentrum

Das Leibbewusstsein ist in einem Zentrum manifestiert, welchem sich Konrad aus zwei Perspektiven annähert. Als erste betrachtet er das Zentrum über die „Längsachse" und stützt sich dabei auf die Bezugnahmen Gustav R. Heyers[260] auf die Bewusstseinsstrukturen Jean Gebsers. In seinem zweiten Zugang über die „Sagittalachse" beschreibt er das Leibzentrum durch drei verschiedene Ebenen der „Tiefung".

5.3.1 Die Entwicklung der Leibzentren in der Longitudinalachse

Gebser ordnet in seinen „Querschnitten durch die Strukturen"[261] jeder Bewusstseinsstruktur „betonte Organe" zu, die einen klaren Bezug zum Querschnitt „Grundlagen der Realisations- und Denkformen"[262] haben. Die archaische Struktur hat in beiden Querschnitten keine Zuordnung. Der magischen Struktur weist Gebser die Eingeweide und das Ohr zu: Der magische Mensch realisiert durch „Einfühlen", „Einsfühlen" und über das Hören.

---

260 Gustav R. Heyer (1890–1967) war ein deutscher Arzt, Psychologe und Psychotherapeut, der in seinem Buch „Der Organismus der Seele" (Erstauflage 1932) wiederholt auf die Entwürfe Jean Gebsers hinweist. Rudolf Konrad zog für sein Buch „Erziehungsbereich Rhythmik – Entwurf einer Theorie" die vierte Auflage aus dem Jahr 1959 heran. Die zweite Auflage dieses Buches (1937) enthält eindeutig rassistische Elemente. Auch die vierte Auflage beinhaltet Theorien, die Heyers Nähe zur nationalsozialistischen „Blut- und Boden-Ideologie" aufzeigen. Heyer war ab 1937 Mitglied der NSDAP und ab 1939 Mitarbeiter des „Göring-Institutes" (Deutsches Institut für Psychologische Forschung und Psychotherapie). Da Heyer von seiner nationalsozialistischen Vergangenheit nie öffentlich Abstand nahm, distanziert sich die Autorin dieses Buches ausdrücklich von seinen Ansätzen. Nur die relevantesten Bezüge werden erläutert. Zitate sollen die Gesinnung Heyers und seine Verwendung von Gebsers Entwürfen zur Untermauerung seines persönlichen Weltbilds aufzeigen. Quellen zur nationalsozialistischen Orientierung Heyers: Cremerius/Mauser 2006, S. 77f und Mettauer 2010, S. 15ff

261 Vgl. Gebser 1999, S. 173–226

262 Eine tabellarische Zusammenfassung aller Querschnitte befindet sich in Leeb 2016, Anhang B

In der mythischen Struktur sind das Herz und der Mund die betonten Organe. „Einbilden und Aussagen, Schauen und Stimmen“[263] sind die Grundlagen der Realisation und des Denkens.
Der mentalen Struktur sind das Gehirn und das Auge zugeordnet. Die Grundlagen der rationalen Denkform sind dementsprechend das Vorstellen und Nachdenken, sowie das Sehen und Messen.
Das Organ, oder besser den Ort der integralen Prozesse lokalisiert Gebser im Scheitel. Die integrale Realisationsform lässt sich durch Konkretisieren, Integrieren und Wahren, und durch den Zustand der „Durchsichtigkeit“ beschreiben.

Konrad weist jeder Bewusstseinsstruktur Gebsers anhand Heyers Erläuterungen in dessen Buch „Der Organismus der Seele“ ein leibliches Zentrum zu.
Er ortet auch in der archaischen Struktur ein Zentrum[264], das in der Unterbauch-Gegend liegen soll. Heyer bezeichnet die archaische Struktur bereits als „psychologischen Zustand“: Die All- und Naturverwobenheit konnte man „in viel mächtigerer Weise vorhanden sehen bei psychologisch noch früheren Zuständen: beim Primitiven, dem [...] ‚Frühmensch'“[265]. Dieser „erlebt nicht im Zwerchfell, sondern im Bauch, in den Eingeweiden; er ‚denkt mit dem Bauch'“[266].
Von diesem ursprünglichen Lebenskern verschob sich das Zentrum im Laufe der Geschichte immer weiter nach oben. Der magisch strukturierte Mensch, bei Heyer der „vorchristlich-antike Mensch“, hat sein Zentrum im Zwerchfell und der Magengrube (oder im Plexus solaris), welches auch als *Thymos* oder *Phren* bezeichnet wurde.

> „Für den Menschen der frühen Antike war *hier* das Zentrum aller starken Lebens- und Gemütsbewegung; Unten und Oben waren beide gleichweit peripher von hier aus; da gab es kein niedriges,

263 Gebser 1999, S. 219
264 Anm.: Diese Zuordnung entspricht nicht dem Entwurf Gebsers und wurde von Konrad aus Heyers Andeutungen abgeleitet.
265 Heyer 1959, S. 33f
266 Ebd., S. 34

> böses und schmutziges Unten – die Eingeweide –; dem antiken Menschen wäre der Gedanke nie gekommen […], daß die Eingeweide […] mit Seelischem nichts zu tun haben könnten; für ihn war das Bluthafte und das Ernährungsmäßige genauso wichtig, […] so heilig, wie alles Geistigere, was oberhalb des Zwerchfells ist.“[267]

Das Zentrum des mythisch strukturierten Menschen ist das Herz. Konrad bezieht sich auf folgende Erläuterungen Heyers:

> „Im Streben nach Lichterem und Höherem, Heiligem und Erhabenem erfolgt die christlich-‚gotische' Verschiebung des Lebenskernes und -sinns und -strebens: zu einem geistigeren, reinen und bejahten Oben, fort von einem dranghaft-düsteren, verneinten Unten. Sie inthronisiert konsequenterweise symbolisch das Herz.“[268]

Die weitere Verlagerung des Zentrums nach oben macht schließlich das Gehirn zum Zentrum des gegenwärtigen mental-rationalen Bewusstseins. Konrad hebt Heyers Skepsis gegenüber der monistischen Anschauung der „blutlosen“ Wissenschaft hervor, welche die Entwicklung einer „Leibferne“ zur Folge hat. Er zitiert in „Erziehungsbereich Rhythmik – Entwurf einer Theorie“ im Kapitel „Leibzentrum – Erste Annäherung (Heyer)“ Heyers Interpretation von Gebsers „mentaler Bewusstseinsstruktur“:

> „Diese Verschiebung nach oben […] fand dann ihre Fortsetzung weiterhin; womit freilich aller Drang immer dünner, erdferner und ‚blutloser' wurde, um schließlich nur noch in Zerrbildern wie Sentimentalität und Ästhetik zu erscheinen. Immer mehr über das Herz hinauf rückte die der Mitte enthobene Instanz in der Zeit der wissenschaftlichen Weltanschauung von gestern. Sie inthronisierte das Hirn zum alleinigen Sitz des Lebens; dort sucht jetzt der ‚Aufgeklärte' alle primären Motive und letzten Wurzeln des Lebens. Womit dann die letzte Marke dieses Weges erreicht war: in

---

[267] Heyer 1959, S. 33

[268] Ebd., S. 34

> Intellektualismus, Rationalismus und, psychologisch exemplifiziert, in der ‚Psychologie ohne Seele', in der horriblen Gleichsetzung von Seele und Bewußtsein – die noch heute in manchen Psychiaterhirnen spukt –, Überspitzungen und Überhebungen der vorigen Generation, die zu ihrem kompensatorischen Rückschlag bereits geführt haben."[269]

Dieses Zitat steht im Gegensatz zum neurowissenschaftlich orientierten Zugang zu Körper und Bewusstsein in diesem Buch. Auch lässt sich aus Heyers Aussage schließen, dass er einen monistischen Ansatz in der Hirn- und Bewusstseinsforschung strikt ablehnt und diesen sogar für eine „Entfremdung" vom Leiblichen verantwortlich macht. Der Folgesatz zu diesem Zitat, welchen Konrad in seinem Buch nicht erwähnt, unterstreicht Heyers Leugnung der Auswirkung der christlichen Leibfeindlichkeit auf die menschliche Psyche:

> „Bitte missverstehen Sie nicht: als ob ich diesen Weg der abendländischen Entwicklung – etwa im Sinne der NIETZSCHEschen Polemik gegen das Christentum – für nichts als einen Irrweg erklären wollte."[270]

Es wird anhand dieser Aussagen offenbar, dass Heyer Gebsers Bewusstseinsstrukturen für seine „blut"-ideologisch gefärbte und christlichen Weltanschauungen dienende „Psychologie" missbrauchte.

Konrad sieht hingegen im Spiritualismus der Kirche des Mittelalters und ihren christlich asketischen Praktiken die Wurzel für die Unterdrückung des Körperlich-Triebhaften. Die durch den Katholizismus unterstützte Herrschaft des „Geistigen" über das Körperliche führte zum „Verlust des Leibes"[271].

Aus seiner Bezugnahme zu Heyers Verbindung von Leibzentren mit den Entwürfen Gebsers kann abgeleitet werden, dass Konrad mit der longitudinalen Verschiebung der Zentren nach oben und durch den Rationalis-

---

[269] Heyer 1959, S. 34

[270] Ebd., S. 35

[271] Siehe Kapitel 2.3.1

mus der Gegenwart auf eine Entfremdung von der „Mitte“ hinweisen möchte. Dieser „Mitte“ nähert sich Konrad weiters durch eine Untersuchung in der „psychologischen Sagittalachse“ des Menschen.

5.3.2 Die drei Ebenen der Tiefung

> „Grafisch lassen sich die drei Ebenen als Funktionskreis vorstellen, zwar unlösbar aneinandergeknüpft, aber abhängig von der Bereitschaft und der Fähigkeit des Individuums, die verschiedenen Formen der Tiefung zuzulassen.“[272]

5.3.2.1 Die körpermechanische Ebene

Diese Ebene betrifft den Körperschwerpunkt, der an der Oberkante des Os sacrum (Kreuzbeines) gelegen und den meisten Menschen gänzlich unbewusst ist.[273] Die Erarbeitung dieses Schwerpunktes durch „Beatmung" des unteren Rückens und die Beweglichmachung der Lendenwirbelsäule dienen der Wiedergewinnung des Körperschemas. Konrad betont, dass jede Bewegung ohne Empfindung des Körperschwerpunktes und ohne Bezug zur Atmung sinnlos werde, da sich ohne Freilegen dieses „Zentrums" weder Spannkraft noch Schnelligkeit, noch „Ein- oder Abschalten von Energie“ bewerkstelligen lasse. Die Bewusstmachung der körpermechanischen Ebene des Zentrums ist von „vital-existentieller Bedeutung“[274]. Dieser Prozess hat in Konrads „Konzentrativem Körpertraining“ einen zentralen Stellenwert.

Auch für das Gleichgewicht ist die Verlebendigung des unteren Rückens wichtig. Um es zu halten, werden ständig minimale Bewegungen ausgeführt, die alle um den Schwerpunkt kreisen.
Angelehnt an Kleists Aufsatz "Über das Marionettentheater" ist der Schwerpunkt im übertragenen Sinne „seelische Substanz". Konrad beruft

[272] Konrad 1995, S. 177
[273] Vgl. ebd., S. 177
[274] Ebd., S. 180

sich dabei auf Herbert Plügges neurophysiologischer Interpretation des Aufsatzes, nach welcher motorische Äußerungen „gleichsam die Erscheinungsperipherie der Innerlichkeit darstellen"[275].
Echtheit des Ausdrucks und Authentizität der Bewegung setzen somit voraus, dass der Mensch mit seinem Schwerpunkt verbunden ist und bleibt. Diese Bezugnahme stützt Konrads These von der Gleichwertigkeit der Binnen(lnnen)- und Außenbewegung.[276] In Hinblick auf die Binnenbewegung ist es dem im Körperschwerpunkt zentrierten Menschen möglich, „das mental-rationale Bewusstsein ein- und abzuschalten“[277].

5.3.2.2 Die neuro-vegetative Ebene

Als "Schwerpunkt" der neuro-vegetativen Ebene formuliert Konrad das Sonnengeflecht, den Plexus solaris.
Aussagen wie „die Emotionen sitzen im Magen" und „das Seelische spricht zu uns in Bildern" lassen darauf schließen, dass dieser größte „Leib-Nervenknoten“ eine Mitte darstellt, durch deren Aktivierung Konrad einen Zugang zur Kreativität vermutet. Auch hier ist die Atmung enorm wichtig. Sie übernimmt durch ihren Zusammenhang mit der „Tiefung" und ihr Zusammenwirken mit der Bewegung eine Doppelfunktion. Bei der Vorgehensweise bezieht sich Konrad auf die Ansätze der Rhythmik-Lehrerin Agnes Schoch, welche postuliert, „Körperbewußtsein und ‚Mitte’ noch direkter anzusteuern, auf dem Weg über Entspannung und Konzentration zuerst den Kontakt mit vegetativen Zentren herzustellen und ihn im allmählichen Ausweiten der Bewegungskombinationen zu befestigen“[278]. Mit der vorangehenden Verbindung mit dem neuro-vegetativen Zentrum durch Atmung und Entspannung stellt schließlich die Bewegung die Brücke zwischen Innen und Außen dar.[279]

---

[275] Konrad 1995, S. 180
[276] Vgl. ebd., S. 182
[277] Ebd., S. 182
[278] Schoch 1963, S. 122; zit. n. Konrad 1995, S. 188
[279] Vgl. Konrad 1995, S. 189

5.3.2.3 Die transzendentale Ebene

Der transzendentale Aspekt der dritten Ebene lässt sich nicht mehr durch den Begriff „Zentrum" beschreiben. Konrad verwendet hier den Begriff „Mitte“ und meint damit die Verfassung eines Menschen, der „in der Einheit seines Ursprungs zentriert ist“[280]. Er bezieht sich auch in diesem Zusammenhang auf Dürckheims „Hara“, als Verwurzelung des Menschen im Selbst, als Vermittler zwischen Ontogenese und Phylogenese, Transzendenz und Immanenz, Rückbezug und Handlung, „überraumzeitlichem Sein und raumzeitlichem Dasein“[281]. Auch Gebsers „Diaphanie" ordnet Konrad der transzendentalen Ebene zu und bezeichnet sie als Folge von Mitte, als über die Mitte hinausführend, als eine spezifische Form der Bewusstseinssensibilität[282].

Sind die drei Ebenen der Tiefung durch den Prozess der Leibwerdung voll integriert, und dadurch eine nicht mehr hinterfragbare „Gewissheit“, trifft die Bezeichnung „Haltung in der Mitte" zu.

Die *Arbeit* am Leib bewirkt eine „*zeitweilige* Übereinstimmung von Bewusstsein mit dem Unbewussten, eine Einheit von Kognition, Emotion und Motorik“[283].
Eine dauerhafte „Haltung in der Mitte“ und der dadurch erleichterte Zugang zu einem „leibgebundenen, künstlerischen Schaffensprozess“ können nach Konrad durch die „Konkretion des Leibes“ verwirklicht werden.

[280] Konrad 1995, S. 192
[281] Vgl. ebd., S. 192
[282] Vgl. ebd., S. 194
[283] Ebd., S. 184

5.4 Leibbewusstheit durch Somatomotorik

> „Der Leib *ist* der einzige Ort, in dem der Mensch in sich selbst gründet.“[284]

Die Wiedergewinnung des „Leibes“ und Erlangung eines Leibbewusstseins erfolgt durch eine Erarbeitung, die – wie bei Gurdjieff – sowohl „innere“ Prozesse als auch die Bewegung mit einschließt. Der Weg über diese „Innen- und Außenbewegung“ soll mit dem Begriff „Somatomotorik“ ausgedrückt werden, der Prozess der Leibwerdung ist dementsprechend ein „somatomotorischer Bewusstseinsprozess“.[285]
Auch bei der Formulierung der „Konkretion des Leibes“ stellt Konrad wiederholt Verbindungen zu psycho- und körpertherapeutischen Methoden und Inhalten her. Durch den Entwurf der Somatomotorisch-ästhetischen Bildung setzt er die Rhythmik in einen therapeutischen und philosophischen Bezug und versucht, sie in diesem Feld als eigenständige Methode, die auch therapeutisch wirksam sein kann, zu definieren.

Als grundsätzlicher Aspekt dieses Prozesses wird jede Handlung als eine körperlich-leibliche betrachtet: „Interaktion mit der Außenwelt, Kommunikation im engeren und weiteren Sinne, gründen im Körperschema und Körper-Ich. Jeder Ausdruck, jede Bewegung, jede Aktion, Mimik, Gestik [...], ja selbst das Denken wurzelt im Körperschema.“[286]
Die Wiedergewinnung der Verbundenheit von Mensch und Körper, die *Konkretion des Leibes*, stellt somit einen Prozess der Entfaltung dar, der mit Körpererfahrung beginnt und dessen „offenes Ende" Leibsein ist.

Als Orientierungshilfe formuliert Konrad folgende Sequenz:

Bewusstseinsferne → Bewusstseinsnähe → Bewusstsein

Körper → Leib (Soma)

[284] Konrad 1995, S. 195
[285] Vgl. ebd., S. 157
[286] Ebd., S. 175

Diese wird im Rahmen dieser Untersuchung zusammengefasst als:

Körper → Leibwerdung → Leibbewusstsein

Bewusstseinsferne manifestiert sich als ein statisches Körperbild, welches gekennzeichnet ist durch:

- Blockaden,
- Mangel an Bewegungsphantasie,
- fragmentierte motorische Ausdrucksmuster (Bewegungsstereotypien, fragmentiertes Körperschema),
- reduzierte Atmung und
- reduzierten Sprachklang.[287]

Bewusstseinsnähe zeigt schon beginnende Dynamik, welche durch prozesshaftes Arbeiten erreicht werden kann in Form von:

- funktionellen Techniken,
- Bewegungs„erziehung",
- Lockerung und fortschreitende Auflösung von Blockaden,
- Begegnung der eigenen, leibgebundenen Biographie und
- Versuchen, das Ausdruckspotential des Leibes zu "verflüssigen" (Erweiterung des Bewegungsrepertoires, Erarbeitung der "Körpersprache", Erfahren und Festigen von Schwere und Leichtigkeit, Erfahren der Innenempfindungen, Atmung, Solarplexus und Körperschema durch „Konzentratives Körpertraining“ und die Mittel der Rhythmik).[288]

---

[287] Vgl. Konrad 1995, S. 157

[288] Vgl.ebd., S. 158

Konrad nennt diesen Weg einen „langsamen, langwierigen, von Rückschlägen bedrohten Umerziehungs- und Umfühlungsprozess“[289], der dem Menschen die Möglichkeit gibt, den Leib als „autonome Intelligenz" zu entdecken, zu entfalten und in seiner Existenz zu festigen.[290] Durch den Prozess der Leibwerdung tritt er in ein vertieftes Verhältnis zu sich selbst, in Kontakt mit seinen tieferen, intersubjektiven, d.h. übergeschichtlichen Schichten. Dieses Sich-Öffnen erfolgt weniger in Form von Entladungen oder durch Verbalisation wie in einem psychotherapeutischen Kontext, sondern „die Bewegungsgestalt und die Musik sind hier Agens und Regulativ“[291].

Die somatomotorischen Erarbeitungsbereiche betreffen einerseits den Gesamtbereich der Motorik, beginnend mit der Bewusstwerdung der Empfindung der Alltagsmotorik bis zur gestalteten Motorik (Bewegungsdarstellung zur, mit und durch Musik, ästhetische Produktionen), andererseits die Beobachtung und Bewusstmachung der Innenempfindungen (Atem, Plexen, Bauch, Herz, Emotionalität, Kreativität, Urphantasie, Sexualität, Erotik, „Mitte“).[292]

Die Rhythmik/Musik- und Bewegungspädagogik macht es durch ihre Felder und Mittel möglich, diese Prozesse der Motilität und Mobilität in Erfahrung und durch Vertiefung und Verinnerlichung zu einer „Gewissheit“ zu bringen.
Zur grundlegenden Erarbeitung des Körpergefühls entwickelte Konrad das „Konzentrative Körpertraining“, welches zwar von ihm in die Mittel der Rhythmik eingereiht ist, in diesem Buch jedoch als eigenständige Methode – als Pendant zu Gurdjieffs „Inner Exercises“ – vorgestellt wird.

---

[289] Konrad 1995, S. 156
[290] Vgl. ebd., S. 157
[291] Ebd., S. 199
[292] Vgl. ebd., S. 206

5.4.1 Erlebnis-, Erfahrungs- und Erkenntnisbereich Rhythmik

Die Wiedergewinnung (Konkretion) des Leibes durch Rhythmik soll sowohl den Zugang zum eigenen Potential, zum Selbst, als auch den kreativen Ausdruck in Form von künstlerischen Produktionen ermöglichen:

> „Alles Experimentieren, Hantieren, Phantasieren, Darstellen, Verändern, Transformieren, Wenden, Konstruieren, mit konkreten und imaginativen Materialien, mit Ideen und Träumen, mit Archaischem und Konkretem, von simplen Baukastensteinen [...] bis hin zum Gestalten mit anspruchsvollen „edlen" Materialien, erscheint unter dem Aspekt der ‚Haltung in der Mitte' einfach, natürlich und kompetent."[293]

Dieses zweifache Wirkungsfeld wird im Begriff „Somatomotorisch-ästhetische Bildung" ausgedrückt: Rhythmik unterstützt den somatomotorischen Bewusstseinsprozess der „Leibwerdung", welcher wiederum den Zugang zu ästhetischen Produktionen und deren Rezeption und Reflexion eröffnet. Produktion und Rezeption werden dabei durch die Perzeption im Sinne der *aísthēsis* (griech. für „Wahrnehmung", „Empfindung") zusammengehalten.[294]

> „Die aus dem Selbst oder aus der Wechselwirkung zwischen Selbst und Welt entstandenen ästhetischen Produktionen [...] sind mehr als ein Bild, eine Skulptur, eine Improvisation oder eine der zahlreichen polyästhetischen Verbindungen. Sie sind ein Stück Selbst, das den scheinbaren Gegensatz von Rationalität und Emotionalität aufzuheben in der Lage ist."[295]

[293] Konrad 1995, S. 210
[294] Vgl. ebd., S. 210
[295] Ebd., S. 218f

Das Setting der Rhythmik bildet dabei das optimale Feld, um dieses „Selbst“ in seinen „inneren“ Wechselwirkungen zu entdecken und zu erforschen und durch Interaktion in ein multidimensionales Erleben, Erfahren und Erkennen zu bringen.

5.4.1.1 Richtziele der Rhythmik[296]

Konrad teilt die Ziele[297] der Rhythmik in drei Untergruppen: in Richt-, Grob- und Feinziele. Während Feinziele nur in Zusammenhang mit einer Zielgruppe formuliert werden können, Richtziele sehr allgemein, übergreifend und abstrakt formuliert sind, bilden die Grobziele die für die Thematik dieses Buches relevantesten Ziele.

Diese drei Zielbereiche untergliedert Konrad für die theoretische Auseinandersetzung wieder in jeweils drei Bereiche, in einen *kognitiven,* einen *affektiv-sozialen* und einen *pragmatisch-motorischen* Bereich, wobei die Lernziele mehr im pragmatisch-motorischen und die Erziehungsziele mehr im affektiv-sozialen Bereich liegen. Der kognitive Bereich ist zwar von Konrad eindeutig definiert, steht aber im Erziehungs- und Lernfeld der Rhythmik im Hintergrund.

An Richtzielen nennt Konrad

- im kognitiven Bereich: Wissen, Verständnis, Anwendung, Analyse, Synthese und Bewertung
- im affektiv-sozialen Bereich: Aufmerksamkeit, Reaktion, Bewertung, Aufbau eines Wertkomplexes und einer (Welt-) Anschauung
- im pragmatisch-motorischen Bereich: Reiz, Fertigkeit, Präzision, Strukturierung und Generalisierung

---

[296] Vgl. Konrad 1995, S. 57–61

[297] Konrad unterscheidet zwischen Lern- und Erziehungszielen. Ein Lernziel stellt jenes Ziel dar, welches in einer Unterrichtseinheit erreicht werden soll. Es vermittelt Kenntnisse und/oder Fertigkeiten. Ein Erziehungsziel wird generell im Unterricht angestrebt und ist dem Lernziel übergeordnet.

Der pragmatisch-motorische Bereich wird in diesem Buch an späterer Stelle als „Erlebnisbereich“, der affektiv-soziale Bereich als „Erfahrungsbereich“ und der kognitive Bereich als „Erkenntnisbereich“ zusammengefasst.
Die Grobziele in diesen drei Bereichen sind nur im Zusammenhang mit den Feldern der Rhythmik formulierbar und werden im folgenden Kapitel angeführt.

5.4.1.2 Felder und Grobziele der Rhythmik[298]

Die fünf Handlungs- oder Aktionsfelder des Rhythmikunterrichts in der Erwachsenenbildung sind:

1. *Sensomotorik:* Dieses Feld bezeichnet den Funktionskreis zwischen Sinneswahrnehmung und Bewegung und umfasst die Gesamtheit der Mittel[299] der Rhythmik. „Durch Bewußtmachung und Differenzierung wird die untrennbare Kreisrelation zwischen Wahrnehmung und Bewegung hergestellt.“[300] In der Sensomotorik können jeweils die Bewegungstechnik (oder -lehre), die *Motorik*, oder die Bewegung mit Ausdruck, die *Psychomotorik*, im Vordergrund stehen.
2. *Interaktionen:* Darunter versteht Konrad die Interaktion und den ständigen Wechsel der drei Lernbereiche kognitiv („Erkennen“), affektiv-sozial („Fühlen“) und pragmatisch-motorisch („Handeln“). Innerhalb dieser Bereiche ergeben sich visuelle, auditive und haptische Umwelterfahrungen.
3. *Sozialisation:* Dieses Feld umfasst Kommunikation, Kooperation, Spiel, Spontaneität und Kreativität.
4. *Ästhetik:* Hier soll Rhythmik den Zugang zu den Bereichen Musik, Darstellung, Tanz, Sprache und Bildende Kunst eröffnen.

---

298 Vgl. Konrad 1995, S. 65–69
299 Siehe Kapitel 5.4.1.3
300 Konrad 1995, S. 66

5. *Multimediale Situationen:* Durch Variabilität von Abläufen und „Provokation“ der Phantasie soll spontanes, kreatives Handeln angeregt und trainiert werden. In diesem Feld entstehen Situationen, in welchen Flexibilität, Phantasie, Expressivität und Improvisation in einer durchgehenden Wechselwirkung stehen.

Zur Definition der Grobziele unterscheidet Konrad innerhalb jedes Feldes wieder in kognitive, affektiv-soziale und motorisch-pragmatische Grobziele.

Da Konrad im Grobzielkatalog über 140 Ziele auflistet, werden im Folgenden nur ausgesuchte und für die Thematik relevante Grobziele angeführt.

Im Feld *Sensomotorik* sind

- kognitive Grobziele: Einsicht in die Notwendigkeit des (Wieder-) Anschlusses an den Körper; Formkontrolle
- affektiv-soziale Grobziele: Fähigkeit der Selbstbeeinflussung durch gezielte Bewegungs- und Atemtechniken, d.h. Selbstregulierung psychophysischer Spannungszustände; Ich-Stabilität durch Körperbewusstsein; durch Konzentration auf das Selbst und/oder die Umwelt sowohl sich als auch die Umwelt differenzierter erfahren
- motorisch-pragmatische Grobziele: permanente Körpererfahrung (Körperimago, Körperschwerpunkt, Atem); Intensivierung der Wahrnehmungsfähigkeit durch Konzentrationslenkung; totale Präsenz in Hinblick auf motorische und sensomotorische Aufgaben, Prozesse oder andere Aktionen

Im Feld *Interaktion* sind

- kognitive Grobziele: Kenntnis, Akzeptation und Einordnung interaktiver Prozesse, Lern- und Erziehungsziele; Transfer interaktiver Erfahrungen
- affektiv-soziale Grobziele: Differenzierung der Wahrnehmungsfähigkeit durch Selbst- und Fremdbeobachtung; Selbsterfahrung und -erprobung durch Interaktionen

- motorisch-pragmatische Grobziele: situationsgerechter Umgang mit interaktiven Wechselwirkungen kognitiver, affektiv-sozialer und pragmatisch-motorischer Art; totale Präsenz

im Feld *Sozialisation* sind

- kognitive Grobziele: fähig sein, eigene Einstellungen zu begründen und das eigene Verhalten beurteilen zu können; fähig sein, Entscheidungen zu treffen und die sich hieraus ergebenden Folgen zu erkennen
- affektiv-soziale Grobziele: Differenzierung der Wahrnehmungsfähigkeit durch Selbst- und Fremd"fühlung"; emotionale Selbstkontrolle
- motorisch-pragmatische Grobziele: totale Präsenz nicht nur in Hinblick auf das Selbst, sondern gerade auch in Hinblick auf das Gegenüber/die Gruppe; sich einlassen können in Situationen, die zum Handeln und zur Veränderung auffordern

Im Feld *Ästhetik* sind

- kognitive Grobziele: Kriterien für eine Integration der Ästhetik in das Selbst
- affektiv-soziale Grobziele: intuitives Kommunizieren per Körper; Fühlen und Empfinden von Musik- und Bewegungsgestalten, von Materialien, Spannungs- und Lösungsverhältnissen, von Beziehungen und Gruppenprozessen im Raum
- motorisch-pragmatische Grobziele: selbstverständlich-sicherer Transfer der Mittel und Felder; angstfreies, ungehemmtes Zulassen von Vitalität

Im Feld *Multimediale Situationen* sind

- kognitive Grobziele: Erkennen der Zunahme der Ich-Stärke, des Selbstbewusstseins durch das Agieren in multimedialen Situationen
- affektiv-soziale Grobziele: Fehler machen ohne Selbstverlust; Neugier an unbekannten Situationen empfinden

- motorisch-pragmatische Grobziele: bereit und fähig sein, sich unerwarteten Situationen sensomotorisch zu stellen und sie zu bewältigen; totale Präsenz im Hinblick auf neue, unbekannte Situationen

5.4.1.3 Mittel der Rhythmik[301]

Um diese Ziele zu erreichen, werden in der Rhythmik vier Mittel benutzt.

Diese heißen:

1. *Bewegung:* Diese beinhaltet die Bereiche Spannungsregulierung und Konzentratives Körpertraining als „Innenbewegung", Bewegungslehre, Bewegungsgestaltung, Tanzen und Bewegungsimprovisation als „Außenbewegung".
2. *Musik:* Das Mittel Musik gliedert sich in Hören, Klang/Ton/Geräusch, Tempo, Metrum, Rhythmus, Melodie/Phrasierung, Dynamik, Artikulation, Formen, Musizieren nach graphischen Partituren und Malen nach Musik.
3. *Stimme:* Dazu gehören Geräusch, Vokal/Konsonant/Silbe, Ruf, Ton/Tonreihen, Wort/Wortreihen, Vers/Reim/Gedicht und Texte anderer Art.
4. *Geräte, Materialien, Musikinstrumente und andere Gegenstände:* In dieser Gruppe unterscheidet Konrad zwischen konventionellen Gymnastik- und Rhythmik-Geräten (wie Reifen, Bälle, Stäbe, Bohnensäckchen, Rasselbüchsen oder Stäbchen), Materialien (wie Textilien, Papier, Kunststoffe oder Holz), Musikinstrumenten und anderen Gegenständen (wie Stühle, Bänke, Tische).

---

[301] Vgl. Konrad 1995, S. 69–74

5.4.1.4 Rhythmik als multidimensionale Interaktion

Um die Komplexität der Rhythmik begreifbar zu machen, benutzt Konrad drei Darstellungsformen, um die Felder, Mittel und Grobziele in einer dynamischen Verbindung zu veranschaulichen: Kreisprozesse, Strukturgitter und Gegenüberstellungen.
Dabei werden sowohl die fünf Felder, vier Mittel und drei Grobzielgruppen selbst, als auch deren in Kapitel 5.4.1.2 und 5.4.1.3 aufgelisteten Untergruppen, hier Unterbegriffe genannt, in Beziehung gebracht.

Als erste Art der Verbindung beschreibt Konrad den Komplex der fünf Felder und der vier Mittel als einen Kreisprozess.[302] Die Felder und Mittel sind jeweils in sich „bewegt", d.h. die Unterbegriffe stehen in einem wechselseitigen Prozess. Jedes Feld/Mittel bewegt sich wieder um ein anderes Feld bzw. Mittel, d.h. die fünf Felder bzw. vier Mittel bewegen sich in Form von „polyvalenten und retroaktiven Situationen"[303] umeinander. Die Felder und Mittel bilden gemeinsam wiederum einen übergeordneten Kreisprozess.[304]

Um die Rhythmik von anderen Verfahren, welche von den einzelnen Feldern ableitbar sind (wie Sport oder künstlerische Höchstleistungen) abzugrenzen, formuliert Konrad folgende zwei Thesen:

> „Rhythmik liegt vor, wenn mindestens 2 der 5 Felder aktiviert werden und diesen beiden mindestens ein Mittel zugeordnet ist. Liegt nur ein Feld vor, oder fehlen die Mittel, handelt es sich nicht um Rhythmik."
> „Es können mehr als zwei Felder und mehr als ein Mittel gleichzeitig vorliegen. Sowohl Felder als auch Mittel können innerhalb einer Unterrichtseinheit mehrfach wechseln."[305]

---

302 Vgl. Konrad 1995, S. 75: These 10 und 11
303 Ebd., S. 75
304 Vgl. ebd., S. 75: These 12
305 Ebd., S. 75f: These 13 und 14

Die Felder und Mittel stehen mit den Grobzielen in einem engen Beziehungsgefüge. Als weiteren Zugang zur Erfassung ihrer stetigen Wechselwirkungen verwendet Konrad einerseits Strukturgitter[306], welche die möglichen Verbindungen innerhalb der Unterbegriffe der Felder, Mittel und Grobziele veranschaulichen sollen, andererseits Gegenüberstellungen, welche die Beziehungen zwischen den Oberbegriffen sichtbar machen.

Durch diese zwei Arten der Strukturierung können als Beispiel sowohl die fünf Felder[307] Sensomotorik, Interaktionen, Sozialisation, Ästhetik und multimediale Situationen als auch die Unterbegriffe jedes Feldes (z.B. Kommunikation, Kooperation, Spiel, Spontaneität und Kreativität im Feld Sozialisation) verknüpft und so die möglichen Verbindungen graphisch sichtbar gemacht werden.

Bei den Mitteln sind sogar Verbindungen von mehr als zwei Bereichen gleichzeitig möglich (z.B.: Spiel auf der Handtrommel, dazu Gesang und Bewegung). Dies gilt nicht nur für die Überbegriffe, sondern auch für die Unterbegriffe der jeweiligen Mittel.

Die vielen Unterbegriffe der Grobziele gliedert Konrad in einer weiteren Struktur. Er ordnet jeden der drei Grobziel-Blöcke nach drei Kategorien: nach *Selbstbezug*, *Gruppenbezug* und *Mittelbezug*.[308]

Als Beispiele für die *kognitiven Grobziele*

- mit *Selbstbezug* seien Bewusstwerdung, Erkenntnis und Wahrnehmung,
- mit *Gruppenbezug* Gesprächsbereitschaft und Kritik genannt.

---

306 In den Strukturgittern sind die Unterbegriffe des jeweiligen Feldes horizontal und vertikal angeordnet. Dessen Schnittpunkte stellen sämtliche durch eine Unterrichtssituation berührten Verknüpfungen dar.

307 Im Falle der Oberbegriffe der Felder und des Unterbegriffes „Interaktionen" fällt dabei eine Verbindung von zwei gleichen Begriffen weg, da diese selten allein, sondern in einem ständigen zeitlichen Wechsel auftreten.

308 Vgl. Konrad 1995, S. 114f

Als *affektiv-soziale Grobziele*

- mit *Selbstbezug* gelten u.a. Selbstverständnis, Empfindung und Konzentration,
- mit *Gruppenbezug* Kommunikation und Gruppenprozess.

Im Bereich der *motorisch-pragmatischen Grobziele* ist

- mit *Selbstbezug* u.a. die Rede von Koordination, Körperschwerpunkt, Atem und Präsenz,
- mit *Mittelbezug* von Erarbeiten, Gestalten und Entscheiden.

Auch diese sechs Blöcke ordnet Konrad in einem Strukturgitter an. Für die 78 Unterbegriffe, von denen nur einige Beispiele genannt wurden, benutzt er eine Gegenüberstellung, bei der die Verbindungen durch Lauflinien möglich werden.

Diese Darstellung und Organisation ist in der Theorie der Rhythmik für Erwachsene einmalig. Mit der graphischen Veranschaulichung und Verbindung der Felder, Mittel und Grobziele verfolgt Konrad eine klare Intention: Sie soll die *Erkenntnis* von Rhythmik ermöglichen und ihren Stellenwert für eine somatomotorisch-ästhetische Bildung präzisieren. Konrads Systematik zeigt dabei folgende Aspekte[309] auf:

1. Durch die Unterteilung in Grobziele, Felder und Mittel und genaue Auflistung deren Inhalte kann sowohl das Ganze, als auch die das Ganze verbindenden Teile durch Kenntnis ihrer Zusammenhänge begriffen werden.
2. Durch die Anordnung in Strukturgitter und Gegenüberstellungen kann die Totalität aller denkbaren Lösungen und Beziehungen erfasst werden.
3. Die Tatsache, dass alles mit allem zusammenhängt, kann nicht nur in praktische Erfahrung, sondern durch die Anschaulichkeit in ein kognitives Erfassen und letztlich zu einem *Wissen* gebracht werden.

---

309 Vgl. Konrad 1995, S. 95

4. Die Komplexität der Rhythmik wird offenbar und in integraler Weise behandelt.
5. Die Gegenüberstellung der Mittel und ihre mannigfaltigen Kombinationen zeigen das „Energiepotential" des Rhythmikunterrichts auf.
6. Das Wechselspiel von Bewegen (motorisch-pragmatische Grobziele), Fühlen (affektiv-soziale Grobziele) und Denken (kognitive Grobziele) in einem inneren (Selbstbezug) und äußeren (Mittel- und Gruppenbezug) Erlebnis-, Erfahrungs- und Erkenntnisbereich macht die Rhythmik zu einem multidimensionalen Verfahren.

Folglich kann als Kernprozess der Rhythmik eine *multidimensionale Interaktion* formuliert werden. Diese betrifft nicht nur die Interaktion des Menschen mit der Außenwelt – mit einem Gegenüber, mit der Gruppe oder mit einem Material/Instrument – oder das Wechselspiel der Felder und Mittel im Rhythmikunterricht, sondern auch die „interne" Interaktion zwischen Bewusstseinsstrukturen oder den Erlebnis-, Erfahrungs- und Erkenntniswelten des Handelns/Bewegens, Fühlens und Denkens. Diese Vielschichtigkeit nennt Konrad eine „Anbindung des Prozesses der Motilität" an die „vielfältigen Formen der Mobilität" wie „Bewegung, Bewegungsdarstellung, Partner- und Gruppenbeziehungen zur, mit und durch Musik und ästhetische Produktionen"[310].

Durch die multidimensionalen Interaktionsprozesse ist der Zugang zum Selbst durch fortschreitende „Tiefung" eröffnet:

> „Der Prozeß selber ist vielgestaltig und er bringt, vereinfacht ausgedrückt, Dinge hervor, die offenbar *nicht* nur als erlebt, und *nicht* nur als real existent bezeichnet werden dürfen. D.h. es handelt sich um eine Form der Selbstverwirklichung, die nicht nur an oder durch Umwelt stattfindet [...] sondern ebenso um den gesicherten Zugang zur Tiefe der Person. Anders gewendet: Dieser Prozeß erstreckt sich auf das *ganze* Sensorium des Menschen."[311]

---

[310] Konrad 1995, S. 203
[311] Ebd., S. 210

Die Wechselwirkung von Somatomotorik und Ästhetik bleibt als ein den Feldern, Mitteln und Grobzielen übergeordneter Interaktionsprozess in Form einer Sinnfigur stets präsent. Die „Haltung in der Mitte“ bildet hier nicht nur das Tor zur Leibbewusstheit, sondern eröffnet auch neue Dimensionen im Dialog zwischen Individuum und Welt:

> „Ausgehend von ‚Haltung in der Mitte’ […] lässt sich sagen, daß es sich bei ästhetischen Produktionen dieser Art um Qualitäten des Erkennens, des Verstehens und des Mitteilens von Selbst, von Selbst und Welt, von Selbst an Welt und von Welt an Selbst handelt.“[312]

Die aus der Tiefe des Individuums aufsteigenden Strukturen haben gegenwärtigen Charakter. Konrad beschreibt diese mit der Sequenz „Hier, Jetzt, Dieses, Dasein, Ich“. Der ästhetische Ausdruck und die dadurch entstehende Auseinandersetzung mit der Welt ergänzen diese Sequenz um die Erfahrungskomplexe des „Dort, Zukunft, Jenes, Dortsein, Du“. Die Interaktion von Somatomotorik und Ästhetik, von subjektiver Erlebniswelt und multidimensionalem Erfahrungsraum, wird durch folgende Anordnung der beiden Sequenzen veranschaulicht[313]:

Hier	Jetzt	Dieses	Dasein	Ich
Dort	Zukunft	Jenes	Dortsein	Du

Somatomotorik und Ästhetik werden in der Somatomotorisch-ästhetischen Bildung durch den Bildungsbegriff zusammengehalten – die Rhythmik konkretisiert hingegen die Erziehungsinhalte. Erziehen meint dabei „stets Wertgerichtetheit, während Bildung dieser Wert ist“[314].
Wird Wertgerichtetheit und Wert ebenfalls als ein dynamischer, wech-

---

[312] Konrad 1995, S. 217
[313] Originalabbildung in: Konrad 1995, S. 218
[314] Konrad 1995., S. 145

selseitiger Prozess verstanden, kann das diesen Prozessen übergeordnete Ziel dadurch folgendermaßen formuliert werden:

Im somatomotorisch-ästhetischen Bildungsbereich und dessen Erziehungsbereich Rhythmik, hier Erlebnis-, Erfahrungs- und Erkenntnisbereich genannt, stellt den wesentlichen Wert die *Leibbewusstheit* oder *Haltung in der Mitte* dar, welche eine Vertiefung der menschlichen Subjektivität bis hin zu einer „transzendierenden" Subjektivität[315] in Form eines „Selbst" ermöglicht.

5.4.2 Konzentratives Körpertraining

> „Um Leben zu erfahren [...], muss ich das, was ich tue, leibhaftig tun. Und der Bereich dieses Tuns liegt nirgendwo anders als innerhalb der eigenen Hautgrenze, in Reichweite von Hand und Fuß."[316]

Wie in Kapitel 5.4.1.3 angegeben, ist der Begriff „Konzentratives Körpertraining" in die Unterbegriffe des Mittels „Bewegung" eingereiht. Mit diesem Begriff meint Konrad ein spezielles Übungsprogramm, welches er für die Rhythmikausbildung an der Hochschule für Musik und Theater Hannover entwickelte und das in jede Art von Bewegungslehre integriert werden kann. Es bezeichnet „einen Komplex aufeinander bezogener und miteinender kombinierbarer Übungen, welche Konzentration auf den eigenen Körper und bewusste Temporeduktion bei der Ausführung fordern"[317].

Das Konzentrative Körpertraining – auch kurz „KK" genannt – war in dem von ihm geleiteten Studiengang „Rhythmik" ein fixer Bestandteil des Unterrichts[318] und nahm einen wichtigen Platz zur Erlangung eines Körperbewusstseins ein. Durch Konrads Gastprofessur an der Hochschu-

---

[315] Vgl. Konrad 1995, S. 203

[316] Konrad 2000, S. 108

[317] Konrad 1984, S. 1

[318] Leeb 2016, Interview mit Angelika Hauser-Dellefant, Anhang A

le für Musik und darstellende Kunst Wien in den Jahren 1981–1983 fand das Konzentrative Körpertraining Einzug in das Studium „Musik- und Bewegungspädagogik/Rhythmik“ in Wien. Angelika Hauser und Ralph Illini wurden dabei im Rahmen interner Fortbildungen durch Rudolf Konrad ermächtigt, das Konzentrative Körpertraining in Wien zu unterrichten und selbstständig in seinem Sinne weiter zu entwickeln. Es wird bis heute von Angelika Hauser-Dellefant und Ralph Illini in den Unterricht eingebunden. Die konkreten Übungen und die methodische Herangehensweise wurden ausschließlich durch Praxis sowie begleitende Erläuterungen durch Konrad selbst vermittelt. Es gibt keine autorisierte Publikation zum Konzentrativen Körpertraining, sondern nur interne Skripten der Hochschule für Musik und Theater Hannover (1976/1980/1983).[319]

Die Erläuterung dieses Trainings basiert auf dem über 100 Seiten umfassenden Hochschulskript aus dem Jahr 1984[320], welches Konrad den Rhythmik-Lehrenden für den Gebrauch im Unterricht zur Verfügung stellte.

5.4.2.1 Ziele des Konzentrativen Körpertrainings

> „Das KK stellt das Bewußtseinsprinzip über das Bewegungsprinzip.“[321]

Als Fernziel des Konzentrativen Körpertrainings nennt Konrad das *Körpergefühl*: „Körpergefühl ist Selbstgefühl.“[322] Es bezeichnet die permanente, sensible Empfindung des eigenen Körpers und zeichnet sich aus durch:

---

319 Persönliche Information durch Ralph Illini, Universität für Musik und darstellende Kunst Wien, 1. Juni 2016

320 Das Skriptum von 1984 ist die damals in Wien durchgearbeitete und leicht modifizierte Version des internen Skriptums von 1983 durch Rudolf Konrad unter Mitarbeit von Angelika Hauser und Ralph Illini. (Persönliche Information durch Ralph Illini, Universität für Musik und darstellende Kunst Wien, 1. Juni 2016)

321 Konrad 1984, S. 1

322 Ebd., S. 2

1. die Einheit von Atem und Bewegung
2. die Fähigkeit, die Konzentration ohne Zeitverlust auf jede Stelle des Körpers zu lenken
3. das Vermögen, die wichtigsten Körpermuskeln einerseits bewusst zu empfinden und sie andererseits bewusst anspannen und entspannen zu können
4. die bewusste Empfindung und Bewegung aller Abschnitte der Wirbelsäule (besonders des Lendenwirbelbereichs)
5. die Fähigkeit, den Körperschwerpunkt nicht nur körpermechanisch, sondern existentiell zu „fühlen“ und in Beziehung zur Bewegung zu setzen

Einen wichtigen Teil des Konzentrativen Körpertrainings bildet die Entspannung. In diesem Bereich formuliert Konrad folgende Ziele[323]:

1. Wahrnehmung des eigenen Körpers in verschiedenen Ruhehaltungen
2. Bewusstmachung von Innenbewegungen (Atem) und Tonusveränderungen (Formen der Schwere, Spannung – Lösung)
3. Wahrnehmung von Gewicht, Volumen, Körperbegrenzung, Unterstützungspunkten und -flächen („Bodenbindung“)
4. Erfahrung der entspannt ruhenden Einheit des Körpers

5.4.2.2 Arbeitsprinzipien des Konzentrativen Körpertrainings[324]

Konrad hat spezielle Kriterien zur Durchführung der Übungen festgelegt, um einen Übungserfolg zu gewährleisten.

Bei jeder Aufgabe soll die Aufmerksamkeit auf folgende fünf Bereiche gelenkt werden:

---

[323] Vgl. Konrad 1984, S. 16
[324] Ebd., S. 5f

1. *Langsamkeit und Konzentration:* Die Konzentration richtet sich zum einen auf die Bewegung, zum anderen auf die Einheit von Atem und Bewegung.
2. *Rechts-Links-Gleichwertigkeit:* Rechte und linke Körperseite sollen im Wechsel trainiert werden.
3. *Bindung:* Bei jeder Übung soll eine Beziehung zwischen mindestens zwei Körperteilen oder -punkten hergestellt und bewusst empfunden werden.
4. *Atmung:* Die Übungen folgen der natürlichen Spannungskurve eines oder mehrerer Atemzüge. Die Konzentration wird gleichzeitig und gleichwertig auf Atem und Bewegung gerichtet. Der Atem wird dabei passiv wahrgenommen, d.h. es sollte nicht bewusst „tief" oder „aktiv" geatmet werden. Weiters soll sich die Bewegung an der Atmung orientieren und nicht umgekehrt.
5. *Beteiligung des ganzen Körpers:* Jede Bewegung erfolgt „im Angesicht" des ganzen Körpers. Eine Partialbewegung ist immer mit der Wahrnehmung des übrigen Körpers verbunden.

5.4.2.3 Wirkungsbereiche und Inhalte des Konzentrativen Körpertrainings

Das Konzentrative Körpertraining ist ein Training der Sensomotorik. Es schafft mit der Aktivierung des Körpergefühls Vorraussetzungen zur Selbstwahrnehmung und Selbststeuerung und vertieft und festigt somit das „Selbstgefühl".

Als sensomotorisches Übungsprogramm

- informiert es die ausübende Person über die Spannungszustände des eigenen Körpers,
- sorgt es für einen Ausgleich der Spannungs- und Lösungsverhältnisse,
- dosiert es den Krafteinsatz,

- ermöglicht es eine vertiefte Wahrnehmung der Lage der Glieder, der Gelenke, Gelenksstellungen und Gelenksbewegungen und aktiviert die Propriozeption,
- übt es das Beziehungsgefüge der Extremitäten zueinander neu ein und
- trainiert das Koordinationsvermögen, die Aufnahme- und Anpassungsfähigkeit und die Geschicklichkeit.[325]

Im Zentrum stehen dabei die Wirbelsäule und ihre Verbindung zum zerebrospinalen und vegetativen Nervensystem. Nach Konrad „landen" vegetative, sensorische und motorische Impulse auch in der Rückenmuskulatur und beeinflussen so die Haltung, Atmung und Bewegung. Das vegetative Nervensystem kann dabei als Bindeglied zwischen „Leib und Seele" und die Wirbelsäule als Spiegel psychischer Zustände gesehen werden.[326]

Besondere Bedeutung misst Konrad der Lendenwirbelsäule bei: Von ihrer Beweglichkeit hängt die Atemfunktion ab und sie stellt als Verbindung zwischen Brustwirbelsäule und Becken eine Beziehung zwischen Sonnengeflecht (Plexus solaris) und physikalischem Schwerpunkt des Menschen her.

Das Konzentrative Körpertraining unterstützt die Integration der vielfältigen sensorischen Informationen aus dem somatischen und vegetativen Nervensystem und gliedert sich in drei Wirkungs- und Arbeitsbereiche:

1. *Sensibilisierung und Aktivierung des Körperbildes und der Interozeption:* Durch sein breites Repertoire an Entspannungsübungen werden alle auf den Körper bezogenen Empfindungen ins Bewusstsein gebracht. Dieser Bereich umfasst aktive Schwereübungen, passive Schwereübungen, Fallübungen, Entspannungsübungen in verschiedenen Ruhelagen mit und ohne Unterstützung durch Klänge, weiters die Wahrnehmung von Unterstützungspunkten und geführte „Binnenreisen". Diese Übungen ermöglichen das Erfahren von

[325] Konrad 1984, S. 1

[326] Vgl. ebd., S. 37f

Schwere, Leichtigkeit und Körpervolumen und das Bewusstmachen der Innenempfindungen, der Atmung und des Sonnengeflechts.

2. *Arbeit am Körperschema mit dem Fokus auf die Wirbelsäule:* Das Körperschema repräsentiert die Körperbewegung im Gehirn über Wechselwirkungen mit den exterozeptiven Sinnessystemen. Dieser Bereich umfasst ein breites Spektrum an Wirbelsäulenübungen: neun Übungen für die Lendenwirbelsäule, fünf Übungen für die Brustwirbelsäule, sechs Übungen für die Halswirbelsäule und 27 Übungen für die ganze Wirbelsäule. Unterschiedlichste Übungsanordnungen und deren vielfältigen Variationsmöglichkeiten dienen der Aktivierung, Dehnung, Streckung, Bewusstmachung, Lockerung und Kräftigung der Rücken- und Bauchmuskulatur.

3. *Bildung des Körperbegriffs:* Als vorbereitendes Training für den Bewegungsunterricht, aber auch für die Bewegungslehre, verhilft das Konzentrative Körpertraining zu faktischem Wissen über den eigenen Körper, die Körperteile und ihre Funktionen. In diesem Bereich werden durch Bewegung und Berührung Kenntnisse über die Knochen, die Muskulatur, die Gelenke und Gelenksbewegungen, die Körperebenen und -achsen und über die Funktionen, den Aufbau und die Bewegungsmöglichkeiten der Wirbelsäule vermittelt.

Durch diese drei Arbeits- und Wirkungsbereiche hat das Konzentrative Körpertraining einen starken bildenden Einfluss auf das *Körperbewusstsein* des Menschen. Es beinhaltet dabei einerseits die „Körperbildung" andererseits durch die Herstellung eines „Selbstgefühls" einen „bewusstseinsbildenden" Aspekt. Dieser Aspekt hebt das Konzentrative Körpertraining wesentlich von anderen Körpertrainingsmethoden ab.

Als „körper- und bewusstseinsbildendes" Training bietet es somit die optimale Basis für einen somatomotorischen Bewusstseinsprozess.

6 Vereinbarkeit, Aktualität und Praxisrelevanz der Ansätze Gurdjieffs und Konrads

Folgende Fragen aus der Einleitung dieses Buches sollen als Impulsgeber für einen Vergleich der vorgestellten Ansätze dienen:

Wie kann nun die Brücke zwischen der Lehre George I. Gurdjieffs und der „Somatomotorisch-ästhetischen Bildung" Rudolf Konrads geschlagen werden? Welcher pädagogische Wert kann in dieser Verbindung liegen?

Die Konzepte Gurdjieffs und Konrads wurden für diese Untersuchung nach dem gleichen Schema beleuchtet: Ausgehend vom Ziel des jeweiligen Ansatzes, dem Bewusstsein und letztlich der *Bewusstheit*, wurden die dahinter stehenden Strukturen oder Zentren präzisiert, um weiters die Praxismethoden zu analysieren, welche zu den jeweiligen Bewusstseinszuständen, der Selbst-Bewusstheit und der Leibbewusstheit, führen sollen.

Als allgemein verbindendes Element wird dabei ersichtlich, dass sowohl bei Gurdjieff als auch bei Konrad Körperbildung und Bewusstseinsbildung einerseits in einer Wechselwirkung stehen, andererseits einen Verlauf darstellen. In der praktischen Erarbeitung führt Körperbildung in Form von Movements, Inner Exercises, Breema, Rhythmik und Konzentrativem Körpertraining zu einer Bewusstseinsbildung. Im theoretischen Zugang bildet die Bewusstseinsbildung den Ausgangspunkt: Aus einem monistischen Blickwinkel, welcher von einer Einheit von Bewusstsein und Gehirn/Körper ausgeht, stellen körperliche, affektive und kognitive Lernprozesse, neuronale Neuvernetzungen und somit bewusstseins*intensivierende*[327] Prozesse parallele Entwicklungen dar.

[327] Angelehnt an Gebser Begriff der Bewusstseinsintensivierung und die diesen Begriff unterstützende Theorie Damasios, nach welcher Bewusstsein und Verstand als nicht identisch gesehen werden, wird hier ebenfalls der Begriff „Bewusstseinserweiterung" ausgeschlossen, da Bewusstsein – so wie es in dieser Untersuchung verstanden wird – nicht quantifizierbar ist. Der Begriff der Bewusstseinsintensivierung steht „außerhalb" einer nur qualitativen Wertung oder einer quantitativen Entwertung. Vgl. Gebser 1999, S. 168

Aus dem Blickwinkel der Körperbildung bilden dabei die Wahrnehmung des Körpers und die Interaktion von „körpereigenen“ Prozessen die Brücke zwischen Körperbewusstsein und Selbst-Bewusstsein. Für den Bereich der Bewusstseinsbildung stellen die Ansätze der Neurowissenschaftler Gerald Hüther und Antonio Damasio relevante Theorien dar, um Verkörperungs- oder Selbst-Prozesse aus der Beziehung zwischen Gehirn und Körper oder Bewusstsein und Körper zu erklären. Die Parallelen zu diesen neurowissenschaftlichen Zugängen zeigen gleichzeitig die Aktualität der Konzepte Gurdjieffs und Konrads auf.

Die Ergebnisse und Erkenntnisse aus diesen Untersuchungen bilden die Basis, um in Kapitel 6.3.2 schließlich die Forschungsfrage zu beantworten.

6.1 Bewusstheit durch Wahrnehmung: Der gemeinsame Nenner

Zur Eingrenzung des Begriffs der *Wahrnehmung* dienen hier zwei Zugänge.

Als physiologische Grunddefinition stellt Wahrnehmung die Verarbeitung von Empfindungen dar, welche durch neuronale Prozesse der Einordnung in Erfahrenes und Erlerntes gedeutet und modifiziert werden.[328] Die für die Thematik dieses Buches relevanten Empfindungen entspringen aus dem somatosensorischen System, welches Sinneseindrücke aus Haut, Bewegungsapparat und Eingeweiden sowie aus motorischen und vegetativen Regelkreisen zusammenführt und verarbeitet. Aus physiologischer Sicht wird die Wahrnehmung des eigenen Körpers, seiner Haltung, seiner Bewegung, seines inneren Zustandes und seiner Form, durch einen Integrationsprozess des somatosensorischen Systems und die Vernetzung mit sensorischen und assoziativen Bereichen des Neokortex und mit dem limbischen System ermöglicht und in Form von Karten oder Repräsentationen im Gehirn „abgebildet“.

[328] Siehe Kapitel 3.2

Bewusste Wahrnehmung entsteht erst durch die Bildung von „Metarepräsentationen“: Durch diese Meta-Ebenen, in denen sich das Gehirn „selbst beobachten“ kann, ist der Mensch zur Apperzeption befähigt und kann dadurch sowohl die Wahrnehmung/das Wahrgenommene als auch sich selbst als Wahrnehmenden ins Bewusstsein bringen.

Die zweite, philosophisch ausgerichtete Verwendung des Begriffs „Wahrnehmung“ bildet in diesem Buch der Zugang Jean Gebsers. In seiner Definition von Bewusstsein finden sich durchaus Parallelen zur neurowissenschaftlichen Darstellung:

> „Bewusstsein ist die Fähigkeit, jene Zusammenhänge zu übersehen, die uns konstituieren: es ist ein stets statthabender Akt des Integrierens und Richtens. […] Es ist kein bloßes Gegenüber zu den Dingen und Erscheinungen, sondern beobachtender Zuschauer, aber auch handelnde Instanz und hat regulative Funktionen. Da es desgleichen den Mutationen unterworfen ist (oder sie mitauslöst?), die eine Umlagerung der vorgegebenen Ursprungsgegenwärtigkeit auf den Menschen zu übertragen scheinen, ist es mit jeder neuen Mutation der Ausdruck dafür, dass diese Ursprungsgegenwärtigkeit durch den Menschen realisierbar wird. Es ist also nicht nur an das Ich gebunden, sondern auch an das Sich.“[329]

Gebser wählt statt dem „Selbst“ bewusst den Begriff des „Sich“. Das „Sich“ ist frei von „psychisch-mythischen“ Begriffsinhalten und beschreibt das „Unpersönliche, das in der Reflexivität seine Bindung an das Persönliche evident macht“[330]. In dieser Bindung des Ich und Sich an das Bewusstsein sieht Gebser eine Mutationsmöglichkeit von einem „Ich-Bewusstsein“ in ein „Sich-Bewusstsein“.
Die Mutation zu einem Sich-Bewusstsein geschieht bei Gebser durch Wahrnehmung. Dieses Wahrnehmen oder „Wahren“ ist nicht nur an die

---

[329] Gebser 1999, S. 291

[330] Ebd., S. 201. Gebser erläutert dies durch folgendes Beispiel: „Zwischen dem bloßen ‚Ich‘ und dem ‚Sich‘ besteht ein Gradunterschied, der am besten anschaulich wird, wenn wir an das denken, was ein ‚ich sehe‘ im Verhältnis zu einem ‚sich sehen‘ ausdrückt.“

Perzeption gebunden, sondern wird durch die Apperzeption bedingt: Es ist ein gleichzeitiges „Gegenwärtigen aller Erscheinungs- und Äußerungsformen“, ein „ganzheitlicher Zustand des ‚Sich‘“[331].

Gebsers Ansatz setzt – wie bei Gurdjieff – voraus, dass für den Entwicklungsprozess in ein „Sich-Bewusstsein“ die zu integrierenden Strukturen oder Erlebniswelten zuvor konkretisiert und bewusst gemacht wurden:

> „Eine Wirklichung dieser Ganzheit ist jedoch nur möglich, wenn die Teile, die zusammen nur ein Insgesamt bilden, durch einen entscheidenden Vollzug, den des Wahrnehmens und Wahrgebens, gegänzlicht werden können. Dafür bedarf es einer grundlegenden Vorraussetzung: die Teile müssen ihrem eigenen Wesen gemäß, sei es erhört oder erlebt, sei es geschaut oder erfahren, sei es gesehen oder gedacht werden: denn nur konkretisierte Teile sind integrierbar.“[332]

Die Integrierung der magischen, mythischen und mentalen Bewusstseinsstruktur bei Gebser findet Entsprechung in der apperzeptiven Wahrnehmung der Interaktion von motorischen, affektiven und kognitiven Prozessen mit einem „Selbst“[333].

Die Ansätze Gurdjieffs und Konrads zur Schulung der Körperempfindung und der Wahrnehmung des „Selbst“ werden dabei im Konzept der Breema-Körperarbeit vereint.

Die Wahrnehmung und Interaktion von motorischen, affektiven und kognitiven Prozessen – von Bewegen, Denken und Fühlen – und ihre Bedeutung für die Bewusstseinsbildung haben sowohl in Gurdjieffs Movements als auch in der Rhythmik Konrads eine hohe Relevanz. Die Vereinbarkeit dieser beiden „Schulen“ wird im Kapitel „Konrads Interaktion und Gurdjieffs Synchronisation von Bewegen, Fühlen und Denken“ erläutert.

---

[331] Gebser 1999, S. 366

[332] Ebd., S. 367

[333] Siehe auch Kapitel 4.4.1.5

6.1.1 Die Verbindung von Konzentrativem Körpertraining und Inner Exercises in der Breema Körperarbeit

Die Breema Körperarbeit vereinigt nahezu alle Arbeitsprinzipien der Inner Exercises und des Konzentrativen Körpertrainings. Sowohl in ihrer vorbereitenden „körperzentrierten Meditation" und beim Selbst-Breema, als auch bei der Ausführung einer Behandlungssequenz steht die bewusste Wahrnehmung des Gewichts, der Atmung, der Bewegung und der Haltung des eigenen Körpers im Vordergrund.

Zur Erschließung der Gemeinsamkeiten dieser drei Arbeitsweisen werden diese in folgende vier Erlebnis- und Erfahrungsbereiche zusammengefasst:

Entspannung

Sowohl bei Inner Exercises, als auch beim Konzentrativen Körpertraining und in der Breema Körperarbeit bildet eine Entspannungsphase in einer Ruhehaltung den Anfang der Auseinandersetzung/der „Arbeit" mit dem eigenen Körper.

Den Kernprozess stellt die Wahrnehmung des Gewichts bzw. der Wirkung der Schwerkraft auf den Körper und die Beobachtung der Atmung dar. Durch die Bewusstmachung des Atems als Innenbewegung wird ein Kontakt zu „sich selbst", zu einer „inneren" Erlebniswelt hergestellt. Die Koordination von Atmung und Muskelentspannung ermöglicht eine bewusste Wahrnehmung und Lösung von angespannten Bereichen. Tonusunterschiede und -veränderungen und verschiedene Formen der Schwere können folglich differenziert ins Bewusstsein gebracht werden. Weiters dient die Wahrnehmung der Unterstützungspunkte und -flächen („Bodenbindung") der Erdung und Zentrierung. Die Erfahrung der entspannten „Einheit" des Körpers und einer inneren und äußeren Balance bildet das Ziel der Entspannungsphase.

Empfindung

Alle drei Arbeitsweisen haben die permanente, bewusste Empfindung des Körpers zum Ziel. Konrad bezeichnet diese als „Körpergefühl" und sieht darin eine Brücke zum „Selbstgefühl". Bei Gurdjieff stellt die Wahrnehmung und Empfindung der Schwerpunkte der drei Zentren (Bewegungszentrum, Gefühlszentrum und Denkzentrum) die Basis für die „Selbst-Erinnerung" dar. In der Breema Körperarbeit wird die harmonische Zusammenarbeit von Körper, Verstand und Gefühlen, welche durch das „Üben" der Selbst-Empfindung erreicht wird, „Präsenz" genannt. Die Übungen für Präsenz und Körpergefühl und der sukzessiven Selbst-Erinnerung haben eine intensive Aktivierung der Tiefensensibilität, vornehmlich des Stellungssinnes, gemeinsam. In allen drei Methoden sind Übungsfolgen zu finden, in denen die Aufmerksamkeit auf die bewusste Wahrnehmung und Empfindung von Körpervolumen, Körperbegrenzung, Haltung/Wirbelsäule, Position, Muskeln, Knochen und Gelenken sowie auf die Bindung oder Beziehung zwischen zwei Körperteilen, -punkten oder -zentren gelenkt wird.

Atmung

Auch die Atmung hat einen zentralen Stellenwert bei Konrad, Gurdjieff und in der Breema Körperarbeit. Im Vordergrund steht dabei die bewusste Wahrnehmung der Atmung. Diese soll in allen drei Arbeitsweisen nie forciert und so natürlich wie möglich belassen werden. Der Atem wird dabei passiv wahrgenommen, d.h. es sollte nicht bewusst „tief" oder „aktiv" geatmet werden. Das Beobachten des eigenen Atemrhythmus, ohne ihn zu beeinflussen, und die ganzkörperliche Wahrnehmung der Atembewegungen verbindet vor allem das Konzentrative Körpertraining mit der Breema Körperarbeit. Bei beiden Methoden gibt es viele Übungen, die auf eine Einheit von Atmung und Bewegung abzielen. Die Konzentration wird dabei gleichzeitig auf den Atem und einfache Bewegungsabfolgen gerichtet, wobei sich die Bewegung an der Atmung orientiert. Das bewusste Wahrnehmen und Annehmen des eigenen Atemmusters stellt eine wertschätzende Beziehung zum eigenen Körper her. Bei Gurdjieff bildet der Atem schließlich das Tor zum Gefühlszentrum[334].

[334] Siehe auch Kapitel 4.4.1.5

Konzentrative Bewegung und Gewichtsverlagerung

Die konzentrative Bewegung findet sich bei einigen Inner Exercises, vor allem aber bildet sie das Kernstück des Konzentrativen Körpertrainings und der Breema Körperarbeit. Die Arbeit mit dem Körperschwerpunkt, der „Mitte", und die Bezugsetzung zur Bewegung findet sich jedoch nur in der Breema Körperarbeit und im Konzentrativen Körpertraining. In beiden Methoden geht es darum, den Körperschwerpunkt nicht nur körpermechanisch, sondern existentiell zu erfahren. Im Breema wird ein Großteil der Bewegungen durch eine bewusste Gewichtsverlagerung aus der „Mitte" ausgeführt. Sowohl im Selbst-Breema und in den Breema-Behandlungssequenzen, als auch bei den Wirbelsäulenübungen des Konzentrativen Körpertrainings hat der Bereich der Körpermitte – Zwerchfell, Lendenwirbelsäule, Kreuzbein und Bauch – eine zentrale Bedeutung.

Die Sensibilisierung der propriozeptiven und viszerozeptiven Wahrnehmung bildet dabei die Basis aller drei beleuchteten Arbeitsweisen. Die wiederholte Verbindung mit dem Körper durch Entspannung, Empfindung, Beobachtung der Atmung und konzentrative Bewegung wandelt die einfache Körperwahrnehmung in eine komplexe Selbst-Erfahrung – in eine verfügbare Präsenz, die sowohl den Körper als auch das Selbst mit einschließt.

Die Wahrnehmung ist das Mittel zu dieser Erfahrung und wird zur Brücke zwischen individueller (die Empfindung wird in jedem Mensch anders bewertet und eingeordnet und zu einer Wahrnehmung verknüpft) und kollektiver (jeder Mensch verfügt über die gleichen Anlagen der Sinnesmodalitäten) Entwicklung. Nur die Erfahrung, die selbständige und selbsttätige Verifikation der vorgestellten Konzepte, ermöglicht eine Erkenntnis und somit Kenntnis, die als Wissensinhalt in einem körperbildenden Studium vermittelt werden kann.

Gebser definiert die *Erfahrung* als eine Vorform des mentalen *Verstehens*:

„Nur durch Erfahrung kommt man, wie der Spruch sagt, zur Einsicht. Das Einsehen, das heißt Hineinsehen, nämlich das Hineinsehen in die psychische Polarität und Wirklichkeit, unterscheidet jede Erfahrung von dem bloß punkthaften Erleben oder dem nur noch kausalen Verstehen und ermöglicht das bewußtseinsbildende Er*innern*, das immer ein *innerer* Vorgang ist.“[335]

Der Weg zur Selbst-Empfindung, Selbst-Erinnerung und Selbst-„Verwirklichung“ führt in allen vorgestellten Konzepten über die Körperwahrnehmung. Das „Lernen“ hinsichtlich einer Bewusstseinsbildung geschieht mit und durch den eigenen Körper: Dieser ist zugleich Feld und Mittel, Basis und Werkzeug, Erlebnis-, Erfahrungs- und Erkenntniswirklichkeit.

Diese Erlebnis-, Erfahrungs- und Erkenntniswirklichkeit entspricht Gebsers magischem, mythischem und mentalem Bewusstsein, Konrads pragmatisch-motorischen, affektiv-sozialen und kognitiven Interaktionsbereich, den Aspekten *Körper*, *Gefühle* und *Verstand* in der Breema Körperarbeit und Gurdjieffs Bewegungs-, Fühl- und Denkzentrum.

Ausgehend von einer Theorie der Einheit von Körper und Bewusstsein[336] und einer Beteiligung dieser Einheit in jedem Prozess des Handelns, Fühlens und Denkens werden im folgenden Kapitel die „Erlebnis-, Erfahrungs- und Erkenntnisbereiche“ *Bewegen – Fühlen – Denken* als Lernfeld für eine Bewusstwerdung beleuchtet.

6.1.2 Konrads Interaktion und Gurdjieffs Synchronisation von Bewegen, Fühlen und Denken

Sowohl Konrad als auch Gurdjieff verwenden in ihren Entwürfen eine grundsätzliche Strukturierung in drei verschiedene Aspekte.

Konrad verwendet die Unterscheidung in *pragmatisch-motorisch*, *affektiv-sozial* und *kognitiv* einerseits zur Differenzierung der Lern- und Er-

---

[335] Gebser 1999, S. 344

[336] Siehe Kapitel 6.2

ziehungsziele im Erziehungsbereich Rhythmik, andererseits im Feld „Interaktionen“ als miteinander in Wechselwirkung stehende Prozesse. Wird Rhythmik als ein Erlebnis-, Erfahrungs- und Erkenntnisfeld innerhalb der Somatomorisch-ästhetischen Bildung gesehen, so unterstützen sowohl das differenzierte Lernen in jedem dieser drei Erziehungsbereiche als auch die Interaktionen zwischen diesen drei Erlebniswelten einen „somatomotorischen“ Bewusstseinsprozess. Die Aufteilung in drei Bereiche dient folglich der differenzierten Entwicklung und Festigung von pragmatisch-motorischen, affektiv-sozialen und kognitiven Fähigkeiten. Dabei sind der Wechsel und die Interaktion zwischen diesen „internen“ Prozessen für ein „ganzheitliches“ Lernen essentiell. In den vorangegangenen Beleuchtungen wurde der Begriff der pragmatisch-motorischen, affektiv-sozialen und kognitiven Interaktionen um das Wechselspiel des Menschen mit der Außenwelt (mit einem Gegenüber, mit der Gruppe oder mit einem Material/Instrument) und um die Interaktion zwischen den Feldern und Mitteln im Rhythmikunterricht erweitert. Es ergeben sich dadurch Interaktionen zwischen Innen- und Außenwelt, zwischen zwei äußeren Strukturen (Felder und Mittel) und innerhalb der inneren Strukturen, den Erlebnis-, Erfahrungs- und Erkenntnisbereichen *Bewegen – Fühlen – Denken*. Dieser zentrale Prozess wird im vorliegenden Buch als *multidimensionale Interaktion* bezeichnet.[337]

Bei Gurdjieff hingegen liegt der Fokus auf der differenzierten Wahrnehmung und Erfahrung der inneren Strukturen: den Aktivitäten des Bewegungs-, Fühl- oder Denkzentrums. Durch Movements wird die motorische und intellektuelle Funktion durch intensive Aktivierung des Stellungs- und Bewegungssinns ins Erleben gebracht. Mittels hochkoordinativer Bewegungen wird der Körper zu neuen Haltungen angeregt und das „automatische Denken“ aufgehoben. Das affektive Zentrum wird durch die Bewusstmachung der Atmung und durch die musischen Elemente der Movements aktiviert. Innerhalb einer Movementsklasse wechselt die Betonung der Zentren: Auch hier werden Interaktionen zwischen motorischem, affektivem und intellektuellem Zentrum in Er-

[337] Siehe Kapitel 5.4.1.4

fahrung gebracht. Das konkret durch die Praxis der Movements angestrebte Ziel stellt jedoch die *Synchronisation* des Bewegungs-, Fühl- und Denkzentrums dar. Die Teilung der Aufmerksamkeit und das apperzeptive Wahrnehmen jeder Funktion hat schließlich die harmonische Zusammenarbeit, die gemeinsame und gleichzeitige Aktivität der drei Zentren zum Ziel.

Das Konkretisieren, Differenzieren, Bewusstmachen und schließlich Synchronisieren der Erlebnis-, Erfahrungs- und Erkenntnisbereiche *Bewegen – Fühlen – Denken* durch gezielte Übungen unterscheidet die Ansätze Gurdjieffs und Konrads in der praktischen Umsetzung. Dabei werden zwei verschiedene Gewichtungen und Richtungen ersichtlich: In der Rhythmik liegen diese in der Betonung des *Aus*drucks, einem Prozess, der „innere" Bewegung durch Interaktion ins „Außen" bringt. Bei den Movements bildet die Wahrnehmung, der *Ein*druck, den Schwerpunkt. Das „Außen" – die Bewegung des eigenen Körpers und die Koordination mit der Gruppe – führt dabei in einen inneren Prozess der Synchronisation.

In der theoretischen Konzeption der Rhythmik kann folglich das Feld *Interaktionen* als Verbindung der „Innenbewegung", dem Feld *Sensomotorik,* mit der „Außenbewegung" in Form der Felder *Sozialisation*, *Ästhetik* und *Multimediale Situationen* gesehen werden.
Diese Schlüsselfunktion ist aus der Anordnung und aus den spezifischen Inhalten des Grobzielkatalogs[338] in Konrads Buch „Erziehungsbereich Rhythmik – Entwurf einer Theorie" ersichtlich.

Zusammenfassend können anhand der vorangegangenen Erörterungen folgende Übereinstimmungen und Unterschiede festgehalten werden:

1. In beiden Ansätzen stellen die Aspekte *Bewegen – Fühlen – Denken* ein bewusstseinsbildendes Erlebnis-, Erfahrungs- und Erkenntnisfeld dar.

[338] Konrad 1995, S. 80ff. Eine Auswahl der für diese Thematik relevanten Grobziele wird in Kapitel 5.4.1.2 aufgelistet.

2. Bewegen, Fühlen und Denken stehen in einem dynamischen Beziehungsgefüge, in welchem das „Selbst“ erfahrbar wird. Bei Gurdjieffs Movements kann der Weg zum Selbst mit der Sequenz „Konkretisieren > Synchronisieren > Selbst“ beschrieben werden, in der Rhythmik Konrads mit der Sequenz „Interagieren > Kreieren > Selbst“.

3. Ein verbindendes Merkmal ist dabei der körperbildende Ansatz beider Konzepte. Bei Gurdjieff stellen die drei Zentren des Menschen Funktionszentren des *physischen* Körpers dar, bei Konrad ist der Körper Ausgangspunkt der Somatomotorik, welche sich über die drei Lernbereiche *pragmatisch-motorisch*, *affektiv-sozial* und *kognitiv* erstreckt. In beiden Konzepten setzt die Bewusstseinsbildung am Körper an. In Form von Sequenzen kann dies dargestellt werden als:

   Körper > Konkretisieren > Synchronisieren > Selbst (bei Gurdjieff)

   Körper > Interagieren > Kreieren > Selbst[339] (bei Konrad)

4. Die Erlebnis-, Erfahrungs- und Erkenntnisbereiche *Bewegen – Fühlen – Denken* bilden dabei das Verbindungsglied zwischen Körperbildung und Bewusstseinsbildung:

Körperbildung < *Bewegen – Fühlen – Denken* > Bewusstseinsbildung

[339] Diese Ausrichtung oder Dynamik lässt sich durch Konrads Platzierung des „Selbst“ in der „Somatomotorisch-ästhetischen Bildung“ belegen. Es scheint im Konzept der Somatomotorisch-ästhetischen Bildung erst in der Auseinandersetzung mit Ästhetik auf. Das Selbst als aus der Tiefe des Individuums aufsteigende Struktur hat den gegenwärtigen Charakter des „Hier, Jetzt, Dieses, Dasein, Ich“. Es wird in der Rhythmik durch den ästhetischen Ausdruck in einem „Dort, Zukunft, Jenes, Dortsein, Du“ realisierbar. Eine Annäherung an das Selbst kann zwar im Rahmen des Konzentrativen Körpertrainings stattfinden, es wird in der „Somatomotorisch-ästhetischen Bildung“ jedoch erst in den Feldern der Rhythmik durch die Interaktion mit der Welt, der „Außenbewegung“, zu einer erfahrbaren Wirklichkeit.

6.2 Neurowissenschaftliche Zugänge zu Körper und Bewusstsein und ihre Relevanz für die Körper- und Bewusstseinsbildung

Bei der Auseinandersetzung mit der Beziehung zwischen Körper und Selbst erscheint bei der Beleuchtung von Körper- und Selbstwahrnehmungsprozessen und ihrer Auswirkung auf Bewusstseinsprozesse die Notwendigkeit, die Ergebnisse der vorangegangenen Erörterungen im Feld aktueller Bewusstseinstheorien zu positionieren. Weiters stellt sich die Frage, ob Gurdjieffs und Konrads Ansätze zum Selbst- oder Leib-Bewusstsein in einer zeitgenössischen, neurowissenschaftlichen Theorie vereint werden können.

Hierfür ist vorab eine grundsätzliche Positionierung hinsichtlich der Frage erforderlich, inwiefern Körper und Bewusstsein zueinander in Beziehung stehen. Wie in Kapitel 3 und 4.3.4 bereits angedeutet, orientiert sich der Zugang in dieser Arbeit an einem monistischen Ansatz. Dieser besagt, dass mentale/affektive und materielle/neuronale Prozesse identische Aspekte eines Seinsprinzips sind. Innerhalb der monistischen Betrachtungsweisen ist sowohl Gurdjieffs Grundidee als auch Konrads Postulat des „Leibes“ in die Nähe des *neutralen Monismus* einzuordnen. In diesem wird eine neutrale Entität angenommen, die sich auf zweierlei Weise manifestieren kann.[340] Dieses neutrale „Seiende“ kann mit Gurdjieffs „Selbst“ und Konrads „Leib“ gleichgesetzt werden.

In Antonio Damasios Buch „Selbst ist der Mensch“ nimmt das Selbst einen zentralen Stellenwert in seiner neurowissenschaftlichen Konstruktion einer Bewusstseinstheorie ein. Damasio formuliert dieses Selbst dabei nicht als Entität, sondern als einen phylogenetisch erklärbaren Prozess, den „Selbst-Prozess“. Der dreistufige Aufbau dieses Selbst-Prozesses und seine Bedeutung für eine „Bewusstseinsbildung“ werden im folgenden Kapitel beleuchtet.

[340] Vgl. Tretter/Grünhut 2010, S. 83

Der Neurobiologe Gerald Hüther verbindet Damasios Theorie der Selbst-Prozesse mit einer ontogenetischen Beleuchtung der Beziehung zwischen Selbst und Körper. Seine Ausführungen zur Auswirkung von körperlichen Veränderungen auf Denkstrukturen und emotionale Prozesse durch das Konzept der „Verkörperung“ werden in Kapitel 6.2.2 erläutert.

6.2.1 Die drei Stufen des Selbst bei Antonio Damasio

Was ist Bewusstsein? Welches Bewusstsein kann „gebildet“ werden? Kann dadurch ein „Bewusstsein über das Bewusstsein“ entstehen?

Damasios aktuellste Theorie über die Entstehung des Bewusstseins[341] kann Antwort auf diese Fragen geben und dient in diesem Buch als primärer Bezugsrahmen für die neurowissenschaftliche Annäherung an das Thema „Bewusstsein“.

Damasio zieht zur Klärung dieser Fragen weder MacLeans Schichtenmodell noch seinen Entwurf des „Limbischen Systems“[342] heran, sondern stellt eine grundsätzlich neue und anders strukturierte Theorie über den Aufbau des menschlichen Bewusstseins vor. Er bedient sich dabei einer integrierten Sichtweise, welche Erkenntnisse aus der Introspektion, der Verhaltensbiologie, der Hirnforschung und der Evolutionsbiologie mit einschließt. Das Bewusstsein wird dabei nicht über mentale Prozesse betrachtet und erklärt, sondern über den allem zugrundeliegenden „Selbst-Prozess“:

> „Wachzustand und Geist sind unverzichtbare Bestandteile des Bewusstseins, sein charakteristisches Element aber ist das Selbst.“[343]

Zum Verständnis des Selbst-Prozesses ist es notwendig, das Selbst in seiner phylogenetischen Entwicklung zu betrachten und Selbst und Be-

---

[341] In diesem Buch wird die deutsche Auflage seines Buches “Self Comes to Mind: Constructing the Conscious Brain” (New York: Pantheon Books 2010) verwendet.

[342] Siehe Kapitel 4.3.4

[343] Damasio 2013, S. 193

wusstsein auf ihre Vorstufen in der Evolutionsvergangenheit hin zu untersuchen.

Primär scheint das Selbst dabei als Wächter und Bewahrer des biologischen Wertes[344] und als oberster Vertreter individueller Lebenssteuerungsmechanismen[345] auf. Die kognitive Komplexität, die den heutigen bewussten Verstand des Menschen kennzeichnet, wird zu einem beträchtlichen Teil von Selbst-Prozessen begründet und koordiniert.

Damasio beschreibt dabei zwei Stadien in der Evolution des Selbst. Das erste bezeichnet er als das „Selbst-als-Objekt“. Dieses entspricht einer Repräsentation des eigenen Körpers im Gehirn: Es ist „eine dynamische Ansammlung integrierter neuronaler Prozesse, die sich auf die Repräsentation des lebenden Körpers konzentrieren und in einer dynamischen Ansammlung integrierter geistiger Prozesse ihren Ausdruck finden“[346]. Gefühle wirken dabei als Markierungen, welche Damasio „emotionsbasierte Signale“ oder „somatische Marker“ nennt, mit Hilfe derer zwischen Selbst und Nicht-Selbst unterschieden werden kann. Das Selbst-als-Objekt stellt das „materielle Ich“ dar, welches das menschliche mit dem tierischen Bewusstsein gemein hat.

Als Wendepunkt der biologischen Evolution entstand, auf dem Selbst-als-Objekt „aufbauend“, ein „Selbst-als-Wissender“. Dieses hat die Fähigkeit, über die Erfahrungen/Wahrnehmungen des Selbst-als-Objekt zu reflektieren. Durch diese Reflexion und Fähigkeit der Selbstbetrachtung wird das „Selbst-als-Wissender“ zum „Selbst-als-Subjekt“, das nun dem „Selbst-als-Objekt“ gegenübersteht. Diese Subjektivität, das Wissen um die eigene Existenz, ist eine evolutionsbiologisch gewachsene Eigenschaft, die nur dem Menschen zu eigen ist. Das Selbst-als-Subjekt wird durch die Entwicklung der Sprache zu einem Protagonisten, der nun

---

344 Vgl. Damasio 2013, S. 196

345 Damasio bezeichnet Lebenssteuerung als „Notwendigkeit und Motivation“. Die Gehirnkartierung ist dabei der Transformator/der Mechanismus, der die einfache Lebenssteuerung in eine Steuerung durch den Verstand und schließlich sogar eine Steuerung durch den bewussten Verstand verwandelt. Vgl. Damasio 2013, S. 119

346 Ebd., S. 21

Zeugnis über die eigene Existenz ablegen kann. Damasio bezeichnet diesen „Protagonisten" auch als das „Selbst-als-Zeuge".

Anhand dieser Entwicklung formuliert Damasio schließlich die „drei Stufen des Selbst":

Stufe 1: *Das Protoselbst*

Stufe 2: *Das Kern-Selbst*

Stufe 3: *Das autobiografische Selbst*

Das Protoselbst[347]

Das Protoselbst ist eine „integrierte Ansammlung verschiedener neuronaler Muster, die in jedem Moment die stabilsten Aspekte der physischen Struktur des Organismus kartieren"[348]. Dabei erzeugen diese „Karten"[349] nicht nur Bilder des Körpers, sondern auch „gefühlte" Bilder des Körpers in Form von „ursprünglichen Körpergefühlen", der urtümlichen „Daseinsempfindung".

> „Ursprüngliche Gefühle sind nicht nur die ersten Bilder, die das Gehirn erzeugt, sondern auch eine unmittelbare Ausdrucksform der Empfindungsfähigkeit."[350]

Das Hauptprodukt des Protoselbst sind somit spontane Gefühle für den eigenen Körper. Es integriert Karten aus dem interozeptiven Bereich, welcher Signale aus dem inneren Milieu und den Organen empfängt, weiters aus dem Organismus über den Zustand von Kopf, Rumpf und Gliedmaßen und aus den sensorischen „Portalen" für die Außenwelt, den Regionen wie Augen, Ohren, Nase und Zunge und Tastsinn. Anatomisch gesehen entstehen diese Karten im Hirnstamm, der Inselrinde und in den somatosensorischen Rindenfeldern.[351]

Das Protoselbst ist eine Struktur, die für den Aufbau des Kern-Selbst

---

[347] Vgl. Damasio 2013, S. 202–214

[348] Ebd., S. 202

[349] Die Unterscheidung von Karten und Bildern wird in Kapitel 4.4.1.5 erläutert.

[350] Damasio 2013, S. 34

[351] Siehe auch Kapitel 3.2.2.2

gebraucht wird. Die Kartierung des Körpers ist die Grundlage für die relative Unveränderlichkeit, die als stabiles Gerüst und Bezugssystem für das Kern-Selbst notwendig ist.

Das Kern-Selbst[352]

Das Kern-Selbst bildet zusammen mit dem Protoselbst zwar das „materielle Ich", es stellt jedoch mit der Entwicklung einer „Objektbezogenheit" eine Vorstufe des „Protagonisten" des autobiografischen Selbst dar. Das Kern-Selbst ist durch Prozesse gekennzeichnet, die sich vom einheitlichen Zustand des Protoselbst und seinen ursprünglichen Körpergefühlen abheben. „Ein Puls des Kern-Selbst wird erzeugt, wenn das Protoselbst durch eine Interaktion zwischen Organismus und einem Objekt verändert wird und wenn sich dadurch auch die Bilder des Objekts verändern."[353] Diese Interaktion wandelt das „ursprüngliche Gefühl" des Protoselbst in ein Gefühl, „das Objekt zu kennen": Das Objekt erhält mehr Aufmerksamkeit als andere, im gleichen Augenblick vorhandene Gegenstände und wird durch ein spezifisches Gefühl gekennzeichnet. Dies erzeugt im Verstand „den Eindruck, dass es einen Protagonisten gibt, dem bestimmte Dinge zustoßen"[354]. Durch die Veränderung der ursprünglichen Gefühle zu objektbezogenen Gefühlen und den Wechsel der Position des Organismus relativ zu einem Objekt entsteht eine *Perspektive*. Das „Gefühl, etwas zu kennen" kreiert weiter ein Gefühl der „Eigentümerschaft" und der Handlungsfähigkeit. Neuroanatomisch finden diese Prozesse ebenfalls zwischen Hirnstamm, Hypothalamus und Kortex statt, als Koordinator dient dabei der Thalamus mit seinen Assoziationskernen.

Das autobiografische Selbst[355]

Das autobiografische Selbst definiert sich unter dem Gesichtspunkt des autobiografischen Wissens, das nun Vergangenheit und Zukunft als neue

---

[352] Vgl. Damasio 2013, S. 214–222
[353] Ebd., S. 194
[354] Ebd., S. 216
[355] Vgl. ebd., S. 223–253

Dimensionen erschließt. Es besteht aus einem „sozialen Ich“ und einem „spirituellen Ich“ und bildet gemeinsam mit dem Kern-Selbst das Selbst-als-Wissender, den bewussten Verstand. Durch das autobiografische Selbst sind nun Aspekte der Persönlichkeit beobachtbar, es stattet den Verstand mit einer erweiterten Form der Subjektivität aus. Damasio beschreibt die Entwicklung des autobiografischen Selbst aus dem Kern-Selbst folgendermaßen:

> „Das autobiografische Selbst tritt in Erscheinung, wenn Objekte aus der eigenen Biografie Pulse des Kern-Selbst entstehen lassen, die anschließend vorübergehend zu einem großen, zusammenhängenden Muster verbunden werden.“[356]

Es bildet dabei einen komplexen Koordinationsmechanismus zwischen Erinnerungen und Wahrnehmungen (Bilder aus dem Gedächtnis), deren Interaktion mit dem Protoselbst, daraus entstehenden Pulsen des Kern-Selbst und neuer neuronaler Abbildung. Die Ergebnisse dieses Vorgangs sind in den kartierenden Hirnstrukturen des Protoselbst und Kern-Selbst (Hirnstamm und Kortex) sichtbar. Die Koordinationsprozesse finden im Thalamus, in den posteromedialen Rindenfelder (PMCs) und im Claustrum statt.

Damasios Theorie der Selbst-Prozesse und ihre Bedeutung für den Aufbau des menschlichen Bewusstseins unterstützt den theoretischen Ansatz der „Körper- und Bewusstseinsbildung“ – so wie sie in dieser Untersuchung verstanden wird – in vielerlei Hinsicht. Im Folgenden werden relevante Elemente von Damasios Ansatz mit der Lehre Gurdjieffs, dem Bildungsentwurf Konrads und schließlich auch mit der Philosophie Gebsers in Beziehung gesetzt.

Die Bedeutung des Körpers

Bei Damasio ist der Körper das Fundament des bewussten Verstandes[357]/ der Bewusstseinsfähigkeit per se im Sinne eines Selbst-als-Subjekt. Bei

[356] Damasio 2013, S. 194
[357] Vgl. ebd., S. 32

Gurdjieff bildet der Körper das Fundament seiner Lehre und den Ausgangspunkt eines Weges, dessen Ziel die Wahrnehmung des „Selbst" ist. Konrad – und auch Gebser – postulieren eine historisch gewachsene Trennung von Mensch und Körper durch die Entwicklung der Ratio, der mentalen Bewusstseinsstruktur. Der Körper stellt somit den Ausgangspunkt einer Wiedergewinnung der Verbundenheit mit dem Körper dar, welche Konrad „Leib" und Gebser „integrales Bewusstsein" nennt.

Damasio und Gurdjieff gehen hingegen von einer physiologischen Einheit von Körper und Selbst aus. Bei Gurdjieff konstituieren die drei „Gehirne" – das Bewegungs-, Fühl- und Denkzentrum – das Selbst. Bei Damasio konstituieren der Körper/das Gehirn und ihre neuronalen Prozesse den Selbst-Prozess.

Die Verbindung mit dem Körper

Bei Damasio ist die Basis für jede Form von Bewusstsein das Vorhandensein einer intensiven, in wechselseitiger Resonanz stehenden Verbindung von Körper und Gehirn in Form eines Protoselbst. Dieses stellt als neuronales „Abbild" eine Bezugsstruktur dar und fungiert als Selbst-als-Objekt. Die Protoselbst-Strukturen sind nicht nur *auf* den Körper ausgerichtet, sie sind buchstäblich und unauflöslich *an* den Körper *gebunden.*[358] Diese intensive Bindung von Bewusstseinsprozessen an den Körper ist auch bei Gurdjieff und Konrad zu finden. Beide messen dem Körper eine enorme Bedeutung zu: In ihren Entwürfen setzt jegliche Form von Bewusstseinsbildung, jede pädagogische Maßnahme mit dem Ziel der Bewusstwerdung im Sinne einer „Erziehung zur Bewusstheit", an der Beziehungsbildung mit dem Körper an. Die erste Kontaktaufnahme im Sinne eines „Körper-Seins" ist das bewusste Wahrnehmen des Atems und des Körpergewichts. Die Atembewegung und die Wirkung der Schwerkraft stellen die ersten perzeptiven Bezugsfelder für die Apperzeption dar.

[358] Vgl. Damasio 2013, S. 32

Die Empfindung des Körpers als Basis für Selbstempfindung

Die Empfindung des eigenen Körpers, die sowohl phylo- als auch ontogenetisch die Basis für Bewusstsein darstellt, wird durch die Prozesse des Protoselbst ermöglicht. Seine Erzeugung von „ursprünglichen Gefühlen", der ersten, unmittelbaren „Seinsempfindung", bildet die Grundlage für komplexere Selbst-Prozesse und somit für die weitere Differenzierung von Bewusstseinsstrukturen. Die bewusste Empfindung des Körpers ohne Interaktion mit der Außenwelt, die reine „Innenempfindung" in den Inner Exercises, dem Konzentrativen Körpertraining und der körperzentrierten Meditation der Breema Körperarbeit, entspricht einer Aktivierung und Bewusstmachung neuronaler Protoselbst-Prozesse. Das Erleben von „Ich bin", die direkte Resonanz mit der Empfindung der eigenen Existenz, hat hier ihren Ursprung.

Die Bedeutung der Gefühle

Damasio unterscheidet zwischen ursprünglichen Gefühlen, Emotionen und „Gefühlen von Emotionen"[359], welche komplexe Variationen der ursprünglichen Gefühle darstellen. In dieser Differenzierung finden sich eindeutige Parallelen zu Gurdjieffs Unterscheidung in „teilhafte Affekte" und „Gesamtaffekte". Gurdjieffs „teilhafte Affekte" entsprechen dabei Damasios „Emotionen". Sie sind automatische und reaktionsartige Prozesse, die an ein Bewertungssystem angeschlossen sind, welches von der Persönlichkeit und der „Rolle" die ein Mensch in der Gesellschaft hat, geprägt ist. Gesamtaffekte können nur entstehen, „wenn ein von den Umweltverhältnissen relativ unabhängiges, beständiges Dasein entstanden ist, im Umkreis einer Selbstempfindung, die das Dasein belebt und

---

[359] „Emotionen sind komplexe, größtenteils automatisch ablaufende, von der Evolution gestaltete Programme für *Handlungen*. Ergänzt werden diese Handlungen durch ein *kognitives* Programm, zu dem bestimmte Gedanken und Kognitionsformen gehören." „Gefühle von Emotionen dagegen sind zusammengesetzte *Wahrnehmungen* dessen, was in unserem Körper und unserem Geist abläuft, wenn wir Emotionen haben. Was den Körper betrifft, so sind Gefühle nicht die Abläufe selbst, sondern die Bilder der Abläufe." Damasio 2013, S. 122

seinem Leben jederzeit einen Sinn verleiht gemäß dem, was es ist“[360]. Gesamtaffekte, die Gurdjieff auch als „echte“ Gefühlsempfindung bezeichnet, sind somit ebenfalls von Protoselbst-Prozessen abhängig. Inner Exercises unterstützen die Rückbesinnung auf die Selbstempfindung des Protoselbst, auf die ursprünglichen Gefühle und somit auf einen Zustand, der sich *vor* der Ausprägung von Emotionen/teilhaften Affekten in jedem Menschen herausgebildet hat. Neurowissenschaftlich können „Gesamtaffekte“ als ein Zustand beschrieben werden, der sich einstellt, wenn Protoselbst-Prozesse apperzeptiv mit kognitiven, affektiven und reflexiven Prozessen des autobiografischen Selbst verbunden werden.
Gefühle[361] sind somit sowohl bei Damasio als auch bei Gurdjieff Teil von Selbst-Prozessen, die Bewusstsein hervorbringen. Damasios „Aufwertung“ von Gefühlen in seinem neurowissenschaftlichen Bewusstseinsentwurf entspricht der *gleichwertigen* Anordnung von somatischen, emotionalen und kognitiven Prozessen in Gurdjieffs Bewusstseinsbildung:

> “Alle Teile, die den Menschen konstituieren, müssen informiert werden – und zwar auf die Art und Weise, die dem jeweiligen Teil angemessen ist – sonst wird die Entwicklung einseitig und bleibt stehen.“[362]

Beide hier sichtbar monistischen Ansätze gehen von einer „geeinten“ Basis aus, von einer intensiven Zusammenarbeit von Körper, Verstand und Gefühlen. Dieser Zugang hat Ähnlichkeit zum integralen Bewusstsein Gebsers, welches die Trennung von Mentalem und Körper überwindet, indem alle Bewusstseinsstrukturen gleichwertig beleuchtet und integriert werden.

---

[360] Vaysse 1985, S. 91

[361] Gefühle agieren als Kommunikatoren zwischen Erfahrung und neuronaler Abbildung und Vernetzung im Gehirn. „Die Welt der Gefühle ist eine Welt der Wahrnehmungen, die in den Gehirnkarten ausgedrückt werden.“ Damasio 2013, S. 122

[362] Gurdjieff 1991, S. VII: „All the parts which constitute the human being must be informed –informed in the only way which is appropriate for each of them – otherwise the development will be lopsided and unable to go further.”

Selbst-Prozesse und Apperzeption

Ein Weg zur Bewusstmachung von Bewusstseinsprozessen ist bei Damasio die Introspektion. Bei dieser beobachten komplexe Ebenen des Selbst die Vorgänge auf den einfacheren Ebenen: Das Selbst-als-Subjekt nimmt Prozesse des Selbst-als-Objekt wahr. Diese Fähigkeit ermöglicht dem Menschen, über die *Existenz* des eigenen Organismus Bescheid zu wissen. Er kann die Gefühle dadurch nicht nur fühlen, sondern kann diese auch in einem ganz bestimmten Zusammenhang *kennen*. Im Gegensatz zum *Sein* und *Tun* des Selbst-als-Objekt ist das *Kennen* das entscheidende Merkmal des Selbst-als-Wissender.[363]

Dieser Vorgang kann mit der Apperzeption Gurdjieffs direkt in Beziehung gesetzt werden. Durch das bewusste Wahrnehmen von propriozeptiven Eindrücken, welche auf Protoselbst-Prozesse zurückgreifen und das Selbst-als-Objekt repräsentieren, und das Hinzu-Wahrnehmen eines agierenden Selbst-als-Subjekt, welches bei der Ausführung von Movements und Inner Exercises durch motorische, affektive und mentale Prozesse konstituiert wird, kann ein „Selbst" per se erfahrbar und dadurch konkretisiert werden. Dieses Selbst ist gleichzeitig wahrnehmend, ausführend und wissend/bewusst. Es ist neuronal durch Prozesse des Protoselbst, Kern-Selbst und autobiografischen Selbst erfassbar und vereint ein „Selbst-als-Seiendes" mit einem „Selbst-als-Agierendes" und einem „Selbst-als-Wissendes".

In der Sprache der Breema-Philosophie kann dieser Bewusstwerdungsprozess durch folgende Sequenz ausgedrückt werden:

Ich bin > Es gibt einen Körper > Ich weiß, dass es einen Körper gibt > Ich weiß, „Ich bin"

Das Wechselspiel von Perzeption und Apperzeption führt dabei zu einer Erfahrung der Einheit von Körper und Selbst:

[363] Vgl. Damasio 2013, S. 188

„In den Augenblicken, in denen unser Bewusstsein dahin kommt, wo wir wissen, dass das Sein existiert, erkennen wir schließlich dass der Körper vom Sein nicht getrennt ist.“[364]

Dieser Prozess birgt das Potential des integralen Bewusstseins Gebsers: Die unbewusste „Ganzheit“ des Ursprungs wird durch das Konkretisieren, Integrieren und Gewahr-Werden der Bewusstseinsstrukturen bewusst und als *Ganzheit* durch *Gänzlichung* und *Gegenwärtigung* realisierbar.[365]

6.2.2 Verkörperung aus neurobiologischer Sicht bei Gerald Hüther

In Kapitel 4.3.4 wurden Hüthers Erläuterungen zum Verständnis der ontogenetischen Hirnentwicklung anhand MacLeans Dreiteiligkeit des Gehirns vorgestellt und mit Gurdjieffs Bewegungs-, Fühl- und Denkzentrum in Beziehung gesetzt.
Hüthers Ansatz in der phylogenetischen Entwicklung des Bewusstseins, die Stufenleitern der Wahrnehmung, der Empfindungen, der Erkenntnis und des Bewusstseins, wurde in Kapitel 5.2.3 beschrieben und mit den Bewusstseinsstrukturen Jean Gebsers in Beziehung gesetzt. In diesen Darlegungen über die Parallelen der Gehirn- und Bewusstseinsentwicklung stand mehr der Prozess der „Entkörperung“, der Entfremdung vom eigenen Körper, im Vordergrund. In diesem Kapitel sollen schließlich der Aspekt der „Verkörperung“ und damit auch die Praxisrelevanz seiner neurobiologischen Theorien beleuchtet werden.

Im Buch „Embodiment“[366] setzt sich Hüther mit den neurobiologischen Hintergründen der Verkörperung, den Zusammenhängen von Körper und Gehirn, auseinander: Nicht nur Verstand und Körper, sondern auch Psyche und Körper bilden dabei eine „untrennbare Einheit“[367]. Das grundle-

[364] Schreiber/Berezonsky 2003, S. 14
[365] Gebser 1999, S. 178
[366] Kapitel „Wie Embodiment neurobiologisch erklärt werden kann“ in: Storch 2010
[367] Vgl. Hüther in: Storch 2010, S. 75

gende Prinzip des Konzepts der „Verkörperung" stellt folglich den intensiven, wechselseitigen Zusammenhang von Körper und Gehirn, und somit auch von Verstand, Emotion und Körper, in Form einer Bidirektionalität bzw. zirkulären Kausalität[368] dar. Dies bedeutet, dass jeder kognitive und affektive Prozess eine sensomotorische Komponente hat. Durch die wechselseitige Beeinflussung von Gehirn und Körper werden nicht nur Emotionen konkret verkörpert, sondern auch Lebenserfahrungen oder Denkmuster finden im Körper einen habituellen Niederschlag. Unter dem Aspekt der Bidirektionalität bewirkt jedoch in umgekehrter Richtung die Veränderung motorischer Muster wiederum eine Veränderung auf der Ebene des Denkens, Fühlens oder Verhaltens.

Zur Erklärung der wechselseitigen Abhängigkeit von körperlicher und psychischer Entwicklung und deren Bedeutung für die Praxis beruft sich Hüther sowohl auf MacLeans Schichtenmodell als auch auf Damasios Theorie der drei Stufen des Selbst.
Auch Damasio misst in der Interaktion von Körper und Gehirn – und der dabei involvierten Gedanken und Gefühle – der Bidirektionalität eine große Bedeutung bei:

> „Körper und Gehirn befinden sich in einem ständigen interaktiven Tanz. Im Gehirn umgesetzte Gedanken können emotionale Zustände auslösen, die im Körper umgesetzt werden, und umgekehrt kann der Körper die Landschaft im Gehirn und damit den Nährboden für Gedanken verändern."[369]

Für das Konzept der „Verkörperung" hebt Hüther das Phänomen der „Kopplung" als einen wichtigen neuronalen Prozess hervor. Dieser bewirkt, dass nicht nur jene neuronalen Verschaltungsmuster umgebaut werden, die an dem neuen Muster beteiligt sind, sondern auch alle anderen, die damit auf irgendeiner Weise in Verbindung stehen.[370] Dies bedeutet, dass z.B. das Durchbrechen und Verändern eines motorischen

---

368 Vgl. Hüther in: Storch 2010, S. 15
369 Damasio 2013, S. 107
370 Vgl. Hüther in: Storch 2010, S. 92

Musters nicht nur das Bewegungsverhalten, sondern auch Denkstrukturen und Gefühlsweisen verändern kann:

> „Durch synchrone Erregungsmuster werden nicht nur Eigenschaften eines Objektes [...] miteinander verbunden, sondern ganze Erlebnisgestalten mit all ihren motorischen, sensorischen, affektiven und kognitiven Anteilen (*distributed assemblies*). Deshalb hat jede Veränderung des Aktivierungsmusters auf eine dieser Ebenen [...] automatisch entsprechende Auswirkungenen auf die in anderen Bereichen generierten Aktivierungsmuster, auf die sinnliche Wahrnehmung, die Affekte und die Gedanken.“[371]

Die Gültigkeit und Aktualität des Konzepts Gurdjieffs, durch konkrete körperliche Übungen wie Movements Bewusstseinsstrukturen zu verändern, kann anhand dieser neurophysiologischen Zusammenhänge vollständig belegt werden.

> „Wenn es gelingt, die alten Signalmuster vom autonomen Nervensystem, von den Propriorezeptoren, die Rückmeldung über Gelenkstellung und Haltung liefern, und von den Enterorezeptoren, die Rückmeldung über die Funktion der inneren Organe bereitstellen, von den verschiedenen Rezeptoren der Muskeln und der anderen Sinnesorgane zu verändern, verändern sich automatisch die Gefühle. Und mit den veränderten Gefühlen verändert sich auch das Denken. Und damit auch die Erinnerung an das Alte und die Wahrnehmungsfähigkeit für das Neue.“[372]

In Gurdjieffs „pädagogischem Gerüst“ finden dabei folgende Prozesse der „Arbeit an sich selbst“ eine neurophysiologische Entsprechung durch Hüthers und Damasios Theorien.

1. Die Selbstbeobachtung der Gefühle im Alltag und im Rahmen von Inner Exercises trainiert die Unterscheidung in „teilhafte Affekte“ und „Gesamtaffekte“ und in Folge die Differenzierung zwischen

---

[371] Hüther in: Storch 2010, S. 93
[372] Ebd., S. 95

Selbst und Persönlichkeit. Auf neurophysiologischer Ebene dienen dabei Protoselbst-Prozesse als Bezugsebene, um Emotionen von ursprünglichen Gefühlen unterscheiden zu können. Die „gefühlten", ursprünglichen Bilder des Körpers bilden dabei die Basis für ein primäres „Selbst-Gefühl".

2. Die bewusste Unterbrechung von motorischen Automatismen durch Übungen im Alltag (wie die „Stop-Übung") und das Praktizieren von Movements erzeugt Impulse, die die festgefahrenen „strukturell verankerten Repräsentationen", die neuronalen „Autobahnen"[373] des Denkens, Fühlens und Handelns, auflösen. Hierbei können sensomotorische Neubahnungen eine Veränderung in Denkstrukturen und emotionalen Mustern bewirken.

3. Das regelmäßige Praktizieren von Movements ermöglicht die Unterbrechung und Bewusstmachung von automatischen Denk-, Bewegungs- und Gefühlsweisen. Durch das Training der Apperzeption wird jedoch zusätzlich gemeinsam mit Prozessen des Protoselbst ein „innerer Blickpunkt" konkretisiert, der als unveränderliches Zentrum, als „Selbst", ein neues Bezugssystem darstellt, welches sich von erlernten Handlungs- und Denkmustern der „Persönlichkeit" unterscheidet.

Auch Hüther schreibt – ähnlich zu Konrad – von einem „Wiederfinden der verloren gegangenen Einheit"[374]. Der Prozess der „Entkörperung", der Verlust der Verbindung zum eigenen Körper und damit auch zu den Gefühlen, erklärt Hüther dabei nicht aus einem phylogenetischen, sondern aus einem ontogenetischen Blickwinkel. Das Tor zur „Einheit" ist eine Aktivierung und Bewusstmachung zweier Strukturen aus der frühen Kindheit, des impliziten Gedächtnisses[375] und des Körper-Selbst[376].
Hüther fasst mit dem Begriff des „Körper-Selbst" Damasios Protoselbst und Kern-Selbst zusammen. Es bildet das ursprüngliche Referenzsystem

[373] Vgl. Hüther in: Storch 2010, S. 76
[374] Ebd., S. 91
[375] Ebd., S. 89
[376] Ebd., S. 86

zur Bewertung von Wahrnehmungen, Situationen und in Folge auch von Vorstellungen. Das implizite Gedächtnis ergänzt die Bilder des Körper-Selbst und enthält nicht nur den „Eindruck des Kindes von sich selbst, sondern auch von dem, womit es in Beziehung tritt und die dabei geweckten Gefühle“[377]. Diese affektiven, sensorischen und motorischen Eindrücke werden in der frühen Kindheit noch ohne Verbindung zum Sprachzentrum oder zu kognitiven Strukturen abgespeichert.[378]

Wie bei Gurdjieff[379] werden auch bei Hüther die Strukturen des Körper-Selbst und des impliziten Gedächtnisses durch Erziehung mit neuen, vorgegebenen Verhaltens- und Denkweisen „überschrieben“. Die durch Erziehungsprozesse gemachten Erfahrungen stehen zunehmend im Widerspruch zu den im Gehirn verankerten ersten Körper-, Sinnes- und Beziehungserfahrungen. Durch Lernmethoden, die auf der Basis von Angstmechanismen funktionieren – von Hüther „Dressurlernen“ genannt – und auch durch Imitation von Verhaltenscodes von Erwachsenen lernt der heranwachsende Mensch, Gefühle und Bewegungsimpulse zu unterdrücken und später auch Denkstrukturen ohne Selbstverifikation zu übernehmen. Diese Mechanismen führen zu einer Entfremdung von der ureigenen „inneren Wirklichkeit“, dem „Selbstgefühl“, welches eng an das „Körperselbst“ gekoppelt ist.

Auch bei Hüther können durch die Arbeit an der Körperhaltung und die Veränderung von automatischen Bewegungsmustern und Spannungszuständen diese frühen Körpererinnerungen wieder aktiviert werden:

> „Weil er ursprünglich so eng mit dem Gehirn und allem, was dort geschah, verbunden war, bietet der Körper einen besonders leichten Zugang zu allen Ebenen des Erlebens und Verhaltens, zu den im Gehirn abgespeicherten Sinneseindrücken, den Gefühlen, den unbewusst gesteuerten Verhaltensmustern, und nicht zuletzt zu den frühen Erinnerungen. [...] Dabei entsteht oft auch das Gefühl,

[377] Hüther in: Storch 2010, S. 89
[378] Vgl. ebd., S. 89
[379] Siehe Kapitel 4.2.3

dieses feste, eigene Fundament wiedergefunden zu haben, nach dem die betreffende Person seit ihrer frühen Kindheit ein Leben lang gesucht hat. Wenn das ‚Ich' die Verbindung mit seinem Körper wieder zurückgewinnt, spürt der betreffende Mensch nicht nur im übertragenen Sinn, sondern auf eine reale, verkörperte Weise, dass er ein Rückgrat hat, dass er sich aufrichten und sich aufrecht im Leben bewegen kann."[380]

Die Verbindung mit dem eigenen Körper und dem Körper-Selbst führt bei Hüther zu einer Wiederentdeckung der eigenen Kompetenz, einem Zuwachs an Selbstgefühl und Selbstvertrauen und zum Wiederfinden der eigenen Gestaltungskraft und Lebendigkeit.[381]

Zusammenfassend betrachtet hat sich sowohl in der phylogenetischen und ontogenetischen Bewusstseinsentwicklung des Menschen und sowohl unter dem neurobiologischen Blickwinkel Hüthers als auch im kulturphilosophischen bzw. anthropologischen Ansatz von Gebser und Konrad eine Trennung der physischen und mentalen Aspekte des Bewusstseins und dadurch eine Herabsetzung von emotionalen Prozessen vollzogen.
Damasios neurowissenschaftliche „Aufwertung" der Gefühle und Gurdjieffs Konzept der *drei* Gehirne, welche gleichwertig das „Selbst" konstituieren, vermögen diese Trennung sowohl im theoretischen/physiologischen als auch im praktischen/psychologischen Bereich zu überwinden.

Die bewusste Wahrnehmung und unmittelbare Erfahrung des eigenen Körpers durch die Verbindung mit Protoselbst-Prozessen und den damit verbundenen ursprünglichen Gefühlen stellt wiederum einen alle Ansätze vereinenden Schlüsselprozess zur Bewusstheit dar.

---

380 Hüther in: Storch 2010, S. 97

381 Vgl. ebd., S. 96

6.3 Praxisrelevanz der Ergebnisse für das Studium „Musik- und Bewegungspädagogik/Rhythmik“ in Wien

In Kapitel 6.2 konnte aufgezeigt werden, dass Gurdjieffs und Konrads Ansätze sowohl auf einer theoretischen als auch praktischen Ebene einen hohen Grad an Aktualität besitzen. Beide Entwürfe haben zum Ziel, ein klar definiertes Bewusstsein herauszubilden und setzen dabei grundsätzlich sowohl an der Körperempfindung als auch an der Bewegung an. Auch die Erlebnis-, Erfahrungs- und Erkenntnisbereiche *Bewegen – Fühlen – Denken* bilden in der theoretischen Strukturierung der beiden Konzepte ein gemeinsames Arbeits- bzw. Lernfeld.

Grundsätzliche Unterschiede wurden hingegen in der *praktischen* Ausrichtung der Erlebnis-, Erfahrungs- und Erkenntnisbereiche *Bewegen – Fühlen – Denken* und in der Positionierung des „Selbst“ innerhalb der Dynamik dieser Prozesse ersichtlich. Die Bedeutung und Platzierung des „Selbst“ birgt jedoch ein Potential, welches beide Bildungsentwürfe auf einer übergeordneten Ebene zu vereinen vermag.

Bevor die Möglichkeiten einer Integration Gurdjieffs und Konrads Ansätze in der Erwachsenenbildung im Rahmen des Studiums „Musik- und Bewegungspädagogik/Rhythmik“ beschrieben werden, ist es erforderlich, den Stellenwert von Konrads Bildungs- und Erziehungsentwürfen im Studium „Musik- und Bewegungspädagogik/Rhythmik“ an der Universität für Musik und darstellende Kunst Wien zu bestimmen.

6.3.1 Der Stellenwert der Ansätze Rudolf Konrads im Studium „Musik- und Bewegungspädagogik/Rhythmik“ in Wien

Wie in Kapitel 5.1 beschrieben, wurde Rudolf Konrad 1981 an die Hochschule für Musik und darstellende Kunst Wien gerufen, um das Rhythmik-Studium zu reformieren. Gemeinsam mit einer Gruppe von Absolvent*innen des Studiengangs „Rhythmik“ der Hochschule für Musik und

Theater Hannover führte Konrad eine strukturelle und inhaltliche Neugestaltung durch. Zwei Lehrende seines damaligen Teams unterrichten bis heute bzw. bis zum Jahr 2016 in der Abteilung „Musik- und Bewegungspädagogik/Rhythmik" der Universität für Musik und darstellende Kunst Wien: Angelika Hauser-Dellefant und Ralph Illini.
Zusätzlich zur Unterrichtstätigkeit haben bzw. hatten beide leitende Funktionen inne: Von 1982–88 und von 1992–2016 war Ralph Illini Abteilungsleiter der Studienrichtung „Musik- und Bewegungspädagogik/Rhythmik", seit 2002 ist Angelika Hauser-Dellefant Leiterin des Instituts für Musik- und Bewegungspädagogik/Rhythmik sowie Musikphysiologie.

Zur Bestimmung des Stellenwerts der Pädagogik Rudolf Konrads im Studium „Musik- und Bewegungspädagogik/Rhythmik" in Wien dient ein Interview mit Angelika Hauser-Dellefant vom 5. April 2016[382].

Aus der Auswertung des Interviews ist abzuleiten, dass der Einfluss der pädagogisch-didaktischen Konzeptionen Konrads auf die „Wiener Rhythmik" in folgenden Punkten gegeben ist:

- *Struktur des Studiums:* Bei der Reformierung 1981 wurden viele Strukturen des Studiengangs „Rhythmik" der Hochschule für Musik und Theater Hannover übernommen.

- *Unterrichtsinhalte:* Das Konzentrative Körpertraining bildet seit 1981 einen festen Unterrichtsbestandteil der Lehrveranstaltung „Übungen zur Rhythmik". Weiters fließen Inhalte aus dem Buch „Erziehungsbereich Rhythmik – Entwurf einer Theorie" in den Unterricht ein: unter anderem Konrads Konzepte zum Thema „Raum" aus dem Kapitel „Zum Doppelaspekt von Raum und Zeit"[383], seine Erläuterung der Bewusstseinsstrukturen Jean Gebsers aus dem Kapitel „Über die Metamorphose des Bewusstseins (Gebsers Beitrag zu einer Kulturanthropologie)"[384] und seine Anstöße zur Erarbeitung

[382] Dieses Interview ist abgedruckt in: Leeb 2016, Anhang A
[383] Konrad 1995, S.125–132
[384] Ebd., S. 161–168

des Körperschwerpunkts aus dem Kapitel „Kleists Aufsatz ‚Über das Marionettentheater'"[385].

- *Didaktik der Rhythmik:* Sowohl die Organisation und Systematik des Erziehungsbereichs Rhythmik als auch der Bildungsansatz in Form der „Somatomotorisch-ästhetischen Bildung" stellen in der Didaktik der Rhythmik ein wichtiges methodisches Fundament dar.

Hauser-Dellefant entwickelte darüber hinaus eigens eine graphisch strukturierte Übersicht über die Bewusstseinsstrukturen von Gebser, um sie im Unterricht als „Über-Struktur" anzuwenden. Gebsers Entwurf soll dabei für eine Auseinandersetzung mit der Sinnfigur oder „Philosophie" der Rhythmik impulsgebend wirken[386]. Als wichtiger Unterrichtsinhalt wurde von Hauser-Dellefant auch die Bedeutung der Körpermitte, des Schwerpunkts und des Körpergefühls von Konrad übernommen. Für die theoretische Reflexion dienen hierzu Konrads Ausführungen zum „Leibzentrum" im Buch „Erziehungsbereich Rhythmik – Entwurf einer Theorie", für die praktische Erfahrung der „Mitte" werden viele Übungen aus dem Konzentrativen Körpertraining eingesetzt.

Daraus folgend kann festgehalten werden, dass die Studienrichtung „Musik- und Bewegungspädagogik/Rhythmik" der Universität für Musik und darstellende Kunst Wien seit 1981 sowohl inhaltlich, strukturell als auch personell mit der Pädagogik Rudolf Konrads in enger Beziehung steht: Sowohl seine didaktischen als auch praktischen Ansätze sind im konkreten Fall für die Gestaltung von Unterrichtsinhalten und im Allgemeinen für die Positionierung im Feld der (Körper-)bildung von großer Bedeutung.

---

[385] Konrad 1995, S. 181–184

[386] Vgl. Leeb 2016, Anhang A, Frage 3

6.3.2 Möglichkeiten einer Verbindung von Gurdjieffs und Konrads Konzepten im Rahmen einer „Körper- und Bewusstseinsbildung" im Studium „Musik- und Bewegungspädagogik/Rhythmik"

Als strukturelle Grundlage für die Erörterung der konkreten theoretischen und praktischen Verbindung von Gurdjieffs und Konrads Konzepten dient die in der Einleitung formulierte und das gesamte Buch umspannende Forschungsfrage:

Welche Aspekte der Lehre Gurdjieffs stellen eine Ergänzung zur Somatomotorisch-ästhetischen Bildung Konrads und ihrer pädagogisch-didaktischen Anwendung im Studium „Musik- und Bewegungspädagogik/Rhythmik" in Wien im Sinne einer „Körper- und Bewusstseinsbildung" dar?

Zur Beantwortung wird die Forschungsfrage in drei „Unterkapitel" aufgeteilt:

1. *Welche Aspekte der Lehre Gurdjieffs stellen eine Ergänzung zur Somatomotorisch-ästhetischen Bildung Konrads dar?*
2. *Welche Aspekte der Lehre Gurdjieffs stellen eine Ergänzung zur pädagogisch-didaktischen Anwendung der Somatomotorisch-ästhetischen Bildung Konrads im Studium „Musik- und Bewegungspädagogik/Rhythmik" in Wien dar?*
3. *Welche Aspekte der Lehre Gurdjieffs stellen eine Ergänzung im Studium „Musik- und Bewegungspädagogik/Rhythmik" in Wien im Sinne einer „Körper- und Bewusstseinsbildung" dar?*

Wie bereits angedeutet, vermag die Positionierung des „Selbst" Gurdjieffs und Konrads Konzepte auf einer übergeordneten Ebene zu verbinden.

Angelehnt an die inhaltliche Abfolge der Forschungsfrage wird zuerst die Ausgangslage dieser Synthese – die Ergebnisse der Analyse – nochmals zusammenfassend dargestellt und auf einer theoretischen Ebene mit dem Ansatz Gurdjieffs in Beziehung gesetzt. Als zweiter Schritt wird der Stellenwert des „Selbst" in der praktischen Umsetzung bestimmt, um schließlich seine Einbettung in der übergeordneten Ebene der „Körper- und Bewusstseinsbildung“ zu definieren.

1. Welche Aspekte der Lehre Gurdjieffs stellen eine Ergänzung zur Somatomotorisch-ästhetischen Bildung Konrads dar?

Sowohl bei Konrad und Gebser als auch bei Hüther wird die Trennung von Mensch und Körper, Mentalem und Materie, Gedanken und Gefühlen oder Psyche und Soma postuliert.[387] Der Fokus liegt hier bei einer „Rückverbindung“, einer Wiederherstellung eines verlorengegangenen Zustands. Gurdjieff, dessen Ansatz durch Damasios Theorie der Selbst-Prozesse gestützt wird, geht hingegen von einer einzigen „Substanz“, dem Selbst aus, welches durch den Körper und seine drei „Gehirne“ konkretisierbar, erlebbar, erfahrbar und erkennbar wird. Dieser Ansatz entspricht, wie in Kapitel 6.2.1 bereits erwähnt, der „Realisations- und Denkform“ des integralen Bewusstseins: An die Stelle der Analyse und Abstraktion der mentalen Bewusstseinsstruktur tritt die Konkretion – und der „mentale“ Prozess der Synthese wandelt sich zur Integration. Von einem monistischen Ansatz ausgehend wird der Begriff der Integration um den Aspekt der „Inklusion“ erweitert. Der Begriff der „Integration“ beinhaltet eine vorangegangene Separation, während der Begriff der „Inklusion“ eine alle Aspekte mit einschließende Ganzheit ausdrückt. Die Aspekte der Gegensätzlichkeit und Separation, welche der dualen Denkform der mentalen Bewusstseinsstruktur entspringen, werden innerhalb einer integralen Denkstruktur aufgehoben[388]. In dieser werden alle Aspekte des „Seins“ gleichwertig und gleichzeitig vergegenwärtigt. Gebser bezeichnet diesen Zustand als *Ganzheit* durch *Gänzlichung* und *Gegenwärtigung*, Gurdjieff drückt dies durch den Zustand des „Ich bin“ aus: des „vollständigen Empfindens der eigenen Ganzheit“[389].

---

[387] Siehe Kapitel 2.3.1, 5.3.1 und 6.2.2

[388] Siehe auch in Kapitel 2.3.2 die Erläuterungen über den Wandel der Begrifflichkeit innerhalb einer Bewusstseinsmutation: „Alte“ Begriffe haben nur insofern Wirklichkeit, als dass sie Strukturen entspringen, welche den Menschen ganzheitlich mitkonstituieren. Innerhalb einer neuen Struktur verlieren sie ihre Geltung und Relevanz.

[389] Gurdjieff 2011, S. 68

Diese Ganzheit ist als unbewusster Zustand des Ursprungs stets immanent und wird durch Wahrnehmung und Gewahr-Werden ins Bewusstsein gebracht. Die Ganzheit des „Ich bin“ bei Gurdjieff und das vergegenwärtigte „Sich“ bei Gebser entspricht nichts anderem als dem „Selbst“. Während sich aus einem neurowissenschaftlichen Blickwinkel die Erfahrung des Selbst auf eine Reaktivierung von Protoselbst-Prozessen reduziert, gewinnt dieses „Selbst“ durch Gebsers Einbezug phylogenetischer Aspekte in der Entwicklung des menschlichen Bewusstseins eine Dimension der Tiefe und Transzendenz. Diese Dimension spricht auch Konrad an: Die Vertiefung der menschlichen Subjektivität ist eine Form transzendierender Subjektivität[390], welche durch die „Haltung in der Mitte“ zugänglich wird.

In der Positionierung des Selbst wird jedoch ein Unterschied zwischen Gurdjieffs Ansatz und Konrads Bildungsentwurf deutlich. Konrad reiht den Begriff des „Selbst“ in die Merkmale des Leibbewusstseins ein und im Gesamtkonzept der „Somatomotorisch-ästhetischen Bildung“ tritt das „Selbst“ erst im Zusammenhang zwischen Ästhetik und Leib ans Licht.

Die „transzendierende Subjektivität“, welche mit Gurdjieffs „Selbst“ gleichgesetzt werden kann, ist bei Konrad folglich als Produkt der Leibbewusstheit zu verstehen.[391] Bei Konrad steht somit die Bildung der Leibbewusstheit an erster Stelle: Innerhalb dieses Prozesses kann das Erleben des „Selbst“ vertieft werden.
Unter diesem Aspekt bleibt jedoch offen, ob die Mittel der Somatomotorik, die Rhythmik und das Konzentrative Körpertraining, das Potential des *Selbst* entfalten oder ob die kreativen Prozesse der Rhythmik und das „Selbstgefühl“ des Konzentrativen Körpertrainings auf der Ebene der *Persönlichkeit* erfahren werden.

Eine eindeutige Verwendung des Begriffs „Selbst“ ist bei Konrad erst in der Auseinandersetzung mit Ästhetik zu finden. Ästhetische Produktionen, welche aus einer „Haltung in der Mitte“ entstehen, bilden einen

---

[390] Konrad 1995, S. 203

[391] Vgl. ebd., S. 203: „Die Haltung in der Mitte lässt eine Vertiefung der menschlichen Subjektivität zu […]“.

Rahmen, in denen sich das Selbst der Welt mitteilen kann.[392] Kunst ist gleichzeitig der „einzige Weg zum Selbst, der noch nicht versperrt ist“[393]. Wenn das Selbst allerdings erst durch künstlerische Prozesse in Erfahrung und folglich zum Ausdruck gebracht werden kann, wie kann dann gesichert sein, dass der künstlerische Unterricht den Ausdruck der tiefsten inneren Wirklichkeit, eines Selbst- und Welt-Verständnisses, hervorbringt und nicht eine „automatische“ Reproduktion von ästhetischen Strukturen darstellt?

Dies ist der Punkt, an dem das Konzept Gurdjieffs eine klare Ergänzung und genauere psychologische Strukturierung in den Prozess des Eindrucks und Ausdrucks geben kann.
Gurdjieffs Weg ist zu Konrads Ansatz konträr und gleichzeitig sehr direkt: Die „Bildung“ – hier ist der Begriff durchaus in seiner Zweideutigkeit zu verstehen – des Selbst stellt das Ziel dar. Um in eine *bewusste* Interaktion mit der Welt treten zu können – sei es durch Kommunikation oder künstlerische Prozesse – ist es notwendig, primär das Selbst zu konkretisieren. Ohne Selbst kann kein Bewusstsein gebildet werden, und ohne Körper kein Selbst.
Diese Ausrichtung kann durch die Sequenz

Körper > Selbst > Bewusstsein

zum Ausdruck gebracht werden.

Gurdjieffs Weg von Körper zu Selbst wurde bereits eindeutig beschrieben: Das Selbst wird im dynamischen Beziehungsgefüge von Bewegen, Fühlen und Denken durch apperzeptive Propriozeption in Erfahrung gebracht. In Kapitel 6.1.2 wurde dies durch folgende Sequenz veranschaulicht:

Körper > Konkretisieren > Synchronisieren > Selbst

---

[392] Vgl. Konrad 1995, S. 217
[393] Ebd., S. 211

Demgegenüber steht die Somatomotorik Konrads, welche die Selbsterfahrung im Rahmen einer multidimensionalen Interaktion und ästhetischen Bildung ermöglicht:

Körper > Interagieren > Kreieren > Selbst

Gurdjieffs Konzept kann die Somatomotorisch-ästhetische Bildung schließlich dahingehend ergänzen, dass es durch gerichtete Aufmerksamkeits- und Koordinationsübungen und durch eine eindeutige Strukturierung und Verinnerlichung von Bewusstseinsaspekten den Zugang zum Selbst eröffnet und dieses als ureigenste Quelle sowohl für künstlerischen Ausdruck als auch für bewusste Kommunikation und Interaktion ins Bewusstsein bringt und darin sichert. Diese Ergänzung wird in folgender Sequenz veranschaulicht:

Körper > Konkretisieren > Synchronisieren > Selbst > Interagieren > Kreieren > Welt

In den Worten Gebsers führt dieser Weg zu einer *Ganzheit durch Gänzlichung*.

2. Welche Aspekte der Lehre Gurdjieffs stellen eine Ergänzung zur pädagogisch-didaktischen Anwendung der Somatomotorisch-ästhetischen Bildung Konrads im Studium „Musik- und Bewegungspädagogik/ Rhythmik" in Wien dar?

Die pädagogische Anwendung der Somatomotorisch-ästhetischen Bildung Konrads ist in der Eingliederung des Konzentrativen Körpertraining im Rhythmik-Unterricht zu finden. Auch die Erarbeitung des Körperschwerpunkts, der „Mitte" und des „Körpergefühls" stellen Unterrichtsinhalte dar, die durch Konrad initiiert wurden und bis heute einen wichtigen Platz einnehmen.

Im didaktischen Bereich sind sowohl die Systematik und Organisation des Erziehungsbereichs Rhythmik als auch die Auseinandersetzung mit den Bewusstseinsmutationen Gebsers im Rahmen der Somatomotorisch-ästhetischen Bildung impulsgebend, um die Rhythmik im Feld der Bildung zu positionieren und ihre Sinnfigur zu erfassen. Konrad versuchte mit seinem Entwurf der Somatomotorisch-ästhetischen Bildung, die pädagogische Ausrichtung der Rhythmik im Feld der Erwachsenenbildung um den Aspekt der Kunst – und auch der Psychologie – zu erweitern: Die Somatomotorik soll eine „innere Gewissheit" festigen, um diese als Quelle der Kreativität im künstlerischen Prozess nutzen zu können.

Hier kann der Ansatz Gurdjieffs Konrads Versuch einer Erweiterung der Rhythmik unterstützen.

Im **pädagogischen Feld** kann die Breema Körperarbeit das Konzentrative Körpertraining um den Aspekt der bewussten „Selbst"-Erfahrung erweitern und diese auf eine Ebene der geeinten Präsenz bringen. Diese Präsenz, die sowohl den Körper – und mit ihm die Erlebnis-, Erfahrungs- und Erkenntnisbereiche *Bewegen – Fühlen – Denken* – als auch das Selbst mit einschließt, bildet eine abrufbare „Wirklichkeit", die jegliche Interaktion in eine „bewusste Begegnung" wandeln kann. Die Konkretion des Selbst durch Körperarbeit unterstützt neben ihrem Einfluss auf kreative Prozesse einen weiteren Aspekt: Als „geeinte" Präsenz umfasst sie nicht nur die Ganzheit von Mensch und Körper im Sinne eines Konradschen „Leib-Seins", sondern auch die Bewusstmachung der Zusammenhänge zwischen somatischen, kognitiven und *emotionalen* Prozessen. Damasios neurowissenschaftliche „Aufwertung" der Gefühle und Gurdjieffs Konzept der *drei* Gehirne vermögen Konrads Konzentratives Körpertraining um den Aspekt der „affektiv-sozialen" Bildung zu ergänzen: Die Breema Körperarbeit ermöglicht, zwischen Emotionen, Gurdjieffs „teilhaften Affekten", und Selbst-Empfindung, Damasios ursprünglichen Gefühlen, zu differenzieren und durch Praxis die Eigen- und Außenwahrnehmung auf eine bewusstere Ebene zu bringen.

Der theoretisch-physiologische Zugang zum Selbst durch Damasios und Gurdjieffs Konzepte kann die Somatomotorisch-ästhetische Bildung im **Feld der Didaktik** um den Aspekt der Bewusstseinsbildung erweitern. Diese Bewusstseinsbildung umfasst die Theorie des Gurdjieffschen „Selbst-Bewusstseins" und ihre neurowissenschaftliche Erklärung.

Durch ihren Zusammenhang mit kreativen und kommunikativen Prozessen kann sie in der Didaktik der Rhythmik in der Auseinandersetzung mit den Themen „Rhythmik und Kunst" und „Rhythmik und Kommunikation" Einzug finden.
Durch die Erfahrung des „Selbst" in der Breema Körperarbeit, kann der monistische, inklusive Ansatz dieser Bewusstseinsbildung am eigenen Körper verifiziert werden. Dies führt über das eigene Erleben, Erfahren und Erkennen zu einer Kenntnis, die im Studium „Musik- und Bewegungspädagogik/Rhythmik" sowohl im pädagogischen als auch didaktischen Bereich ein Erziehungsziel darstellen kann.

Im pädagogisch-praktischen Feld kann der Weg von Körper zu Selbst durch die Vereinigung des Konzentrativen Körpertrainings mit der Breema Körperarbeit konkretisiert werden als:

Körper > Entspannung – Empfindung – Beobachtung der Atmung – konzentrative Bewegung > Präsenz > Selbst

Die Prozesse der Entspannung, Empfindung, Beobachtung der Atmung und der konzentrativen Bewegung können nur durch Wahrnehmungsprozesse vergegenwärtigt werden: Um ein Selbst überhaupt wahrzunehmen, sind die Sinne eines Körpers notwendig. Dies kann in einer Sequenz zusammengefasst werden als:

Körper > Wahrnehmung > Präsenz > Selbst

Auf einer theoretisch-didaktischen Ebene kann dieser Vorgang formuliert werden durch die Sequenz:

Körper > Perzeption > Selbst

Dieser Prozess entspricht Gebsers *Ganzheit durch Gegenwärtigung*.

3. Welche Aspekte der Lehre Gurdjieffs stellen eine Ergänzung im Studium „Musik- und Bewegungspädagogik/Rhythmik" in Wien im Sinne einer „Körper- und Bewusstseinsbildung" dar?

Die Erweiterung der Somatomotorisch-ästhetischen Bildung um den Aspekt der Bewusstseinsbildung kann in einem beiden Entwürfen übergeordneten Konzept zusammengefasst werden: der *Körper- und Bewusstseinsbildung.*

Diese umfasst als zentralen Prozess die **Konkretion des Selbst** durch Perzeption des Körpers und *mittels* des Körpers. Bei diesem Prozess sind immer alle drei Aspekte des Seins beteiligt: Empfinden/Bewegen, Fühlen und Denken. Auf neurophysiologischer Ebene können dabei drei Selbst-Prozesse ins Bewusstsein gebracht werden: Protoselbst, Kern-Selbst und autobiografisches Selbst. Die Wahrnehmung im Sinne der Perzeption stellt das Verbindungsglied zwischen Körper und Selbst dar:

Körper > Perzeption > Selbst

Als Bewusstseinbildung verhilft die „Körper- und Bewusstseinsbildung" auch zu einem Wissen, das mit einem **Bewusstsein über das Bewusstsein** beschrieben werden kann: Bewusstsein ist sowohl aus einem philosophischen als auch aus einem psychologischen und neurophysiologischen Blickwinkel von einem Selbst anhängig. Die Wahrnehmung des Selbst als Subjekt ist wiederum vom Körper abhängig. Erst durch seine Repräsentation als Objekt wird Subjektivität ermöglicht:

Körper > Selbst > Bewusstsein

Aus neurophysiologischen Blickwinkel endet an diesem Punkt das „Bewusstsein über das Bewusstsein". Mit der Frage, wo in diesem Prozess die Bewusstheit positioniert werden kann und unter Berücksichtigung einer Qualität des Selbst, welche über die Grenzen der neurowissenschaftlichen Erklärung hinausgeht, tritt der Vorgang der Apperzeption in den Vordergrund. Durch das Hinzu-Wahrnehmen des Selbst wird ein „Bewusstsein über das Bewusstsein" ermöglicht, welches sprachlich nur noch philosophisch beschrieben werden kann.

Als Sequenz kann es veranschaulicht werden als:

Selbst > Apperzeption > Bewusstsein

Das Ziel der „Körper- und Bewusstseinsbildung“ stellt schließlich die **Bewusstheit** dar: die inklusive Wahrnehmung des Selbst[394]. Die Wahrnehmung, als Perzeption und Apperzeption, ist das Mittel, welches Körper, Selbst und Bewusstsein verbindet:

Körper > Perzeption > Selbst > Apperzeption > Bewusstsein

Das Attribut „inklusiv“ drückt in diesem Rahmen eine Ganzheit aus, welche alle Aspekte des Seins – Körper, Gefühle und Verstand – in der Apperzeption des Selbst mit einschließt. Die Bewusstheit bildet schließlich, als letzter Schritt einer Objektivierung, einen diese Prozesse umfassenden Zustand. Sie stellt eine „Objektivität“ dar, welche das Selbst als Subjekt durch den Körper als Objekt realisierbar macht.

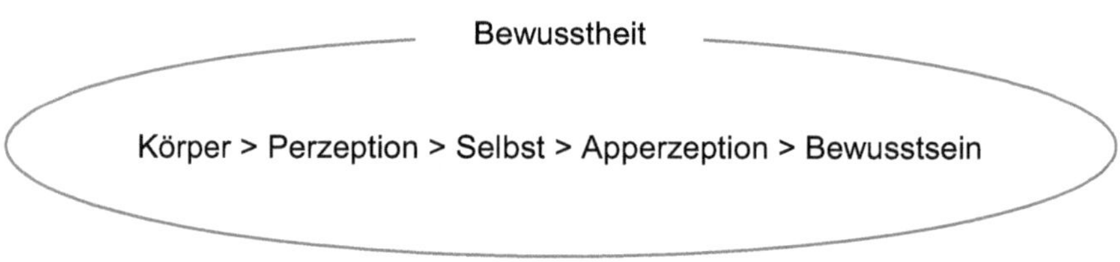

Bewusstheit entsteht somit durch die bewusste Wahrnehmung der *Ganzheit*.

Bei Gebser ist die Ganzheit ein Zustand der integralen Bewusstseinsstruktur. In dieser wird die *Religion* der mentalen Struktur von der *Praeligio* abgelöst:

[394] Siehe Kapitel 2.2

„*Gegenwärtigung ist ,mehr' als bloße Rückbindung. Gegenwärtigung ist auch Hereinnahme des Zukünftigen.* Insofern Gegenwärtigung sowohl präsente Vergangenheit als präsente Zukunft integriert, ist die Bindung für diese integrale Struktur die ,praeligio'."

„*Praeligio* ist damit die Bindung zu der durchscheinend werdenden Ursprungsgegenwärtigkeit, die, wird sie dem Menschen bewusst, ihm die *Wahrnehmung und Wahrgebung des Ganzen* ermöglicht: die Praeligio schaltet keine der anderen Formen der Bindung aus, sondern bindet sie alle ,in' das Ganze."[395]

Unter diesem Blickwinkel kann die Bewusstseinsbildung Gurdjieffs als eine Praeligio bezeichnet werden. Auch bei Gurdjieff ist die Herstellung und Wahrnehmung der eigenen Ganzheit eine Vorraussetzung für Bewusstheit. Diese Ganzheit ist auch der Zustand, der es dem Menschen ermöglicht, über den Prozess der Individuation hindurch- und hinauszutreten in ein Ganzes, eine Einheit, die alle und alles inkludiert.

In diesem Sinne soll folgendes Zitat aus den persönlichen Aufzeichnungen Jeanne de Salzmanns den Abschluss dieser Untersuchungen bilden:

> "To know oneself is not to look from outside but to catch oneself in a moment of contact, a moment of fullness. In this there is no longer 'I' and 'me', or 'I' and a Presence in me – no separation, no more duality. To know means to Be. There is no room for anything else.
> When I come to unity in myself, I experience an energy [...] which allows me to be born to my being as part of a great Whole."[396]

[395] Gebser 1999, S. 371
[396] Salzmann 2010, S. 291

7 Zusammenfassung

„Bewusstheit durch Wahrnehmung" bildete nicht nur den roten Faden dieses Buches, sondern eröffnete und definierte im Bereich der Körperbildung eine neue Dimension: die Möglichkeit einer Bewusstseinsbildung.

Rudolf Konrads Anliegen, die Rhythmik über ihre pädagogischen Belange hinaus zu führen und im Feld der Psychologie und Philosophie zu positionieren, wurde in dieser Untersuchung ebenso ausgiebig Platz eingeräumt wie George I. Gurdjieffs und Jeanne de Salzmanns Werk, eine Bewusstseinsbildung zu kreieren und zu konservieren, die eine „harmonische Entwicklung des Menschen" ermöglicht. Beinhaltet Konrads Somatomotorisch-ästhetische Bildung eine „Erziehung zur Leibbewusstheit", so können Gurdjieffs Ideen als „Erziehung zur Selbst-Bewusstheit" bezeichnet werden. Gurdjieffs und Konrads Entwürfe werden in einer „Körper- und Bewusstseinsbildung", deren Inhalte und Ziele in Kapitel 6.3.2 formuliert wurden, als eine „Erziehung zur Bewusstheit durch Wahrnehmung" subsumiert.

Viele Fragen führten dabei zu dieser Conclusio:

Wie kann eine Verbindung zwischen der Lehre George I. Gurdjieffs und der Somatomotorisch-ästhetischen Bildung Rudolf Konrads hergestellt werden?

Welcher pädagogische Wert kann in dieser Verbindung liegen?

Wie zeichnen sich beide Konzepte aus und welcher Ideen und Methoden bedienen sie sich, um zu einer „Bewusstheit" zu gelangen?

Können Gurdjieffs Entwürfe eine Ergänzung zu Konrads Ansatz im Studium „Musik- und Bewegungspädagogik/Rhythmik" in Wien im Sinne einer „Körper- und Bewusstseinsbildung" darstellen?

Bei der Beantwortung dieser Fragen wurden die Entwürfe Gurdjieffs und Konrads mit den aktuellen Ansätzen der Hirnforscher Antonio Damasio und Gerald Hüther und mit Jean Gebsers „Geschichte einer Bewusstwerdung" sowohl in neurowissenschaftlicher als auch in philosophischer und sprachlicher Hinsicht in Beziehung gesetzt. Ziel dieser Bezugnahmen war einerseits die Überprüfung der Aktualität der Inhalte beider Konzepte, andererseits aber auch eine *Aktualisierung der Begrifflichkeit selbst.* Eine möglichst „ungefärbte", möglichst auf ihren ursprünglichen Sinngehalt reduzierte Sprache soll eine „neutrale" Rezeption und Begegnung von Gurdjieffs und Konrads Bildungsentwürfen ermöglichen.

Als verbindendes Merkmal wurde dabei zuerst der körperbildende Ansatz Gurdjieffs und Konrads herausgearbeitet. Das „Lernen" geschieht hier mit und durch den eigenen Körper: Dieser ist zugleich Feld und Mittel, Basis und Werkzeug, Erlebnis-, Erfahrungs- und Erkenntniswirklichkeit. Die Breema Körperarbeit wurde hierbei als praktische Methode vorgestellt, welche Gurdjieffs Inner Exercises und Konrads Konzentratives Körpertraining gegenseitig zu ergänzen vermag.

Als weiteres gemeinsames Merkmal konnte konkretisiert werden, dass in beiden Konzepten die Bewusstseinsbildung am Körper ansetzt: Bei Gurdjieff stellen die drei Zentren des Menschen, Bewegungs-, Gefühls- und Denkzentrum, Funktionszentren des *physischen* Körpers dar, bei Konrad ist der Körper Ausgangspunkt der Somatomotorik, welche sich über die drei Lernbereiche *pragmatisch-motorisch*, *affektiv-sozial* und *kognitiv* erstreckt. Die Begriffe *Bewegen – Fühlen – Denken* boten sich hier zur Beschreibung des beiden Methoden innewohnenden bewusstseinsbildenden Erlebnis-, Erfahrungs- und Erkenntnisfeldes an.

Die Wahrnehmung bildet schließlich das Element, welches sowohl Gurdjieffs als auch Konrads Bildungsentwürfe vereint.

Deutliche Unterschiede wurden hingegen in den Objekten der Wahrnehmung ersichtlich: Während sich in Konrads Somatomotorisch-ästhetischer Bildung die Wahrnehmung auf den Bereich der Somatosensorik erstreckt, hat der Entwurf Gurdjieffs letztlich die Wahrnehmung des „Selbst" zum Ziel.

Im Bereich der Wahrnehmung wurde auch das Potential offenbar, welches in der Ergänzung der Somatomotorisch-ästhetischen Bildung durch die Lehre Gurdjieffs liegt: Durch Gurdjieffs Konkretisierung des

„Selbst“ und seiner Positionierung innerhalb der Bewusstseinsbildung kann die Somatomotorisch-ästhetische Bildung um einen Aspekt erweitert werden, der über die Grenzen des Körper- oder Leibbewusstseins hinausgeht.

Diese Erweiterung wurde in einem Bildungsentwurf veranschaulicht, welcher Gurdjieffs und Konrads Konzepte im Studium „Musik- und Bewegungspädagogik/Rhythmik“ in Wien in Form einer „Körper- und Bewusstseinsbildung“ zusammenfassen könnte. Als zentrale Elemente dieses Entwurfs wurden die *Konkretion des Selbst*, das *Bewusstsein über das Bewusstsein* und die *Bewusstheit durch Wahrnehmung* beschrieben.

Epilog 1

Am Ende dieses Buches muss schließlich auch Leben und Werk eines großen, bedeutenden Pädagogen gewürdigt werden, ohne den dieses Buch gar nicht existieren würde: *Emile Jaques-Dalcroze.*

Ohne Jaques-Dalcroze hätte Jeanne Allemand nicht Alexandre de Salzmann kennengelernt, wäre mit ihm nicht nach Tiflis gegangen und Gurdjieff nie begegnet. Gurdjieffs Lehre wäre möglicherweise nie um den musik- und bewegungspädagogischen Aspekt erweitert worden und in diesem Ausmaß weltweit erhalten geblieben.

Ohne Jaques-Dalcroze hätte Rudolf Konrad in seinem Studium nie das Fach „Rhythmik – Musik und Bewegung" kennengelernt und 1984 die Somatomotorisch-ästhetische Bildung formuliert.

Ohne Jaques-Dalcroze gäbe es gar kein Studium „Musik- und Bewegungspädagogik/ Rhythmik" an der Universität für Musik und darstellende Kunst Wien.

Und ohne Jaques-Dalcroze würde mit ziemlicher Wahrscheinlichkeit Gebsers „Ursprung und Gegenwart" und De Salzmanns „The Reality of Being" nicht auf meinem Schreibtisch liegen.

Danke, Emile!

Epilog 2

The most important thing

What we have learned – all our words and memories – gives the impression of continuity, the illusion of my ordinary 'I'. But, on the scale of energies in us, this material is not very high. What allows the passage to a higher level at every degree is the intensity and quality of the attention. It is attention that gives the capacity to see. Attention is the conscious force, the force of consciousness.

Vision, inner vision, is the liberating of an energy that is beyond thinking. It is a total awareness of life because to see is to embrace totality at the very moment. We cannot see part by part, little by little, over time. We have to see the whole. It is an act of perception of what is true without interpreting what is seen. If I am distracted by anything whatsoever, my conditioning is such that I cannot see freely. My thoughts are mechanical. They are a mechanical response to a question or an impression. Vision, on the other hand, is observation without thought, without the security of words or names. In a state of pure perception, there is no more aim and no attempt to respond.

One simply lives the fact.

– Jeanne de Salzmann, The Reality of Being

Literaturverzeichnis

Anderhuber, Friedrich/Pera, Franz/Streicher, Johannes: Waldeyer – Anatomie des Menschen. Lehrbuch und Atlas in einem Band. Berlin/Boston: De Gruyter 2012[19] (1942)

Azize, Joseph: Gurdjieff's Sacred Dances and Movements. In: Cusack, Carole M. /Norman, Alex (Hrsg.): Handbook of New Religions and Cultural Production. Boston/Leiden: Brill 2012 (Brill Handbooks on Contemporary Religion, Band 4), S. 297-330

Böhm, Winfried: Wörterbuch der Pädagogik. Stuttgart: Kröner 2000

Brüggebors, Gela: Einführung in die Holistische Sensorische Integration (HSI). Teil 1. Dortmund: borgmann publishing 1992

Butkovsky-Hewitt, Anna: With Gurdjieff in St. Petersburg and Paris. London and Henley: Routledge & Kegan Paul 1978

Cremerius, Johannes/Mauser, Wolfram (Hrsg.): Ein Leben als Psychoanalytiker in Deutschland. Würzburg: Königshausen & Neumann 2006

Damasio, Antonio: Selbst ist der Mensch. Körper, Geist und die Entstehung des menschlichen Bewusstseins. München: Pantheon 2013

Drosdowski, Günther (Hrsg.): Duden „Etymologie". Herkunftswörterbuch der deutschen Sprache. Mannheim/Wien/Zürich: Dudenverlag 1989[2] (1963)

Dürckheim, Karlfried: Hara. Die Erdmitte des Menschen. Bern/München/Wien: O. W. Barth 1981[9] (1954)

Fahrenberg, Jochen: Wundt, Wilhelm. In: Wirtz, Markus Antonius (Hrsg.): Dorsch – Lexikon der Psychologie. Bern: Verlag Hans Huber 2014[17] (1921)

Fraas, Hans-Jürgen: Bildung und Menschenbild in theologischer Perspektive. Göttingen: Vandenhoeck & Ruprecht 2000

Franklin, Eric: Befreite Körper. Das Handbuch zur imaginativen Bewegungspädagogik. Kirchzarten bei Freiburg: VAK Verlag 2000[2] (1999)

Gadenne, Volker: Bewusstsein. In: Wirtz, Markus Antonius (Hrsg.): Dorsch – Lexikon der Psychologie. Bern: Verlag Hans Huber 2014[17] (1921)

Gebser, Jean: Ursprung und Gegenwart. Erster Teil. Die Fundamente der aperspektivischen Welt. Beitrag zu einer Geschichte der Bewusstwerdung. Schaffhausen: Novalis 1999[2] (1986)

Gessmann, Martin (Hrsg.): Philosophisches Wörterbuch. Stuttgart: Kröner 2009[23] (1912)

Gobbert, Joachim: Zur Methode Jaques-Dalcroze. Die rhythmische Gymnastik als musikpädagogisches System. Wege und Möglichkeiten der plastischen Darstellung von Musik durch den menschlichen Körper. Frankfurt/Main: Lang 1998 (Studien und Dokumente der Tanzwissenschaft, Band 2)

Gurdjieff, George I.: Beelzebubs Erzählungen für seinen Enkel. Eine objektiv unparteiische Kritik des Lebens des Menschen. Erstes Buch. New York: Triangle Editions 2010[5] (1950)

Gurdjieff, George I.: Beelzebubs Erzählungen für seinen Enkel. Eine objektiv unparteiische Kritik des Lebens des Menschen. Zweites Buch. New York: Triangle Editions 2010[5] (1950)

Gurdjieff, George I.: Begegnungen mit bemerkenswerten Menschen. Berlin/Köln: Alexander 2013 (1978)

Gurdjieff, George I.: Life is real only then, when ‚I am'. [Bishop Auckland]: Aziloth Books 2011 (1975)

Gurdjieff, George I.: Views from the Real World. Early Talks in Moscow, Essentuki, Tiflis, Berlin, London, Paris, New York and Chicago as Recollected by his Pupils. London: Penguin Books 1991 (1973)

Heyer, Gustav R.: Der Organismus der Seele. Eine Einführung in die analytische Seelenheilkunde. München: J. F. Lehmanns 1959[4] (1932)

Hüther, Gerald: Biologie der Angst – Bedienungsanleitung für ein menschliches Gehirn – Die Macht der inneren Bilder. Göttingen: Vandenhoeck & Ruprecht 2013 (Limitierte Sonderausgabe)

Jaques-Dalcroze, Emile: Der Rhythmus als Erziehungsmittel für das Leben und die Kunst. Sechs Vorträge. Basel: Helbing & Lichtenhahn 1907

Jaques-Dalcroze, Emile: Rhythmus, Musik und Erziehung. Wolfenbüttel: Kallmeyer 1977 Nachdruck (1921)

Konrad, Rudolf: Denkstruktur und Leibbewusstsein. In: Abteilung Musikpädagogik der Universität für Musik und darstellenden Kunst Wien/Michael Hruby (Hrsg.): Musik Lehren Lernen. Momentaufnahmen und Perspektiven universitärer Musikpädagogik. Festschrift Ewald Breunlich zum 60. Geburtstag. Wien: Universal Edition 2000

Konrad, Rudolf: Erziehungsbereich Rhythmik. Entwurf einer Theorie. Seelze: Kallmeyer 1995 (1984)

Konrad, Rudolf: Konzentratives Körpertraining. Hochschulskript, Hannover/Wien 1984

Konrad, Rudolf/ Riefenstahl, Peter/Zacharias, Gerhard: Ich – Wir – Wohin? Differenzierung menschlichen Verhaltens durch Rhythmik. Braunschweig: Goebecke & Heinemann 1972

Leeb, Veronika: Bewusstheit durch Wahrnehmung. Vereinbarkeit, Aktualität und Praxisrelevanz der Körper- und Bewusstseinsbildung bei George I. Gurdjieff und Rudolf Konrad. Masterarbeit an der Universität für Musik und darstellende Kunst Wien, 2016

Lorenz, Karl: Wege nach Hellerau: Auf den Spuren der Rhythmik. Dresden: Hellerau-Verlag 1994

Martin, Bruno: Auf einem Raumschiff mit Gurdjieff. Die kosmische Lebensphilosophie von G.I.Gurdjieff. Norderstedt: Books on Demand 2014 Überarbeitete Neuausgabe (2000)

Martin, Bruno: Gurdjieff Praxisbuch. Übungen, Rituale und heilige Tänze zur Entfaltung des Bewusstseins. Darmstadt: Schirner 2011² (2008)

Mettauer, Philipp: Vergessen und Erinnern. Die Lindauer Psychotherapiewochen aus historischer Perspektive. Publikation im Rahmen der 60. Lindauer Psychotherapiewochen. Herausgegeben von der Vereinigung für psychotherapeutische Fort- und Weiterbildung. München 2010

Müller, Max/Halder, Alois (Hrsg.): Herders kleines philosophisches Wörterbuch. Freiburg: Herder 1961³ (1958)

Odom, Selma Landen: Delsartean Traces in Dalcroze Eurhythmics. In: Thomas Leabhart et al. (Hrsg.): Essays on François Delsarte. Claremont: Mime Journal 2005, S. 137-151

Ouspensky, Peter D.: Auf der Suche nach dem Wunderbaren. Die Lehre des großen Meisters G.I.Gurdjieff. München: O.W.Barth (Droemer Knaur) 2010

Pauli, Sabine/Kisch, Andrea: Geschickte Kinder. Fotokarten-Übungsprogramm zum Thema Körperschema. Dortmund: verlag modernes lernen 1997

Petsche, Johanna: Gurdjieff and Music: The Gurdjieff/de Hartmann piano music and its esoteric significance. Boston/Leiden: Brill 2015

Petsche, Johanna: Gurdjieff and Blavatsky: Western Esoteric Teachers in Parallel. In: Literature and aesthetics. The journal of the Sydney Society of Literature and Aesthetics (SSLA), Vol. 21, Nr.1/2011

Petzold, Hilarion G.: Integrative Therapie. Modelle, Theorien und Methoden für eine schulenübergreifende Psychotherapie. Paderborn: Junfermann 2003 (1993)

Salzmann, Jeanne de: The Reality of Being. The Fourth Way of Gurdjieff. Boston/London: Shambhala 2011

Schischkoff, Georgi (Hrsg.): Philosophisches Wörterbuch. Stuttgart: Kröner 1978[20] (1912)

Schmidt Robert F./Lang, Florian/Heckmann, Manfred (Hrsg.): Physiologie des Menschen mit Pathophysiologie. Heidelberg: Springer 2010[31] (1936)

Schmidt Robert F./Thews Gerhard (Hrsg.): Physiologie des Menschen. Berlin/Heidelberg/New York: Springer 1993[25] (1936)

Schoch, Agnes: Gute Haltung – Schöner Gang. München: Ernst Reinhardt Verlag 1963

Schreiber, Jon: Breema – Essenz des harmonischen Lebens. Saarbrücken: Ryvellus bei Neue Erde 2000

Schreiber, Jon: Breema und die neun Prinzipien der Harmonie. Oakland: Breema Center Publishing 2008

Schreiber, Jon: Child of Existence, Child of Society. Oakland: Breema Center Publishing 2015

Schreiber, Jon: Freedom Comes from Understanding. Insights for Meaningful Life. Oakland: Breema Center Publishing 2010

Schreiber, Jon/Berezonsky, Denise: Selbst-Breema. Übungen für ein harmonisches Leben. München/Bad Kissgen/Berlin/Düsseldorf/ Heidelberg: Richard Pflaum Verlag 2003, deutsche Erstausgabe (2001)

Seidl, Arthur: Die Hellerauer Schulfeste und die "Bildungsanstalt Jaques-Dalcroze". Regensburg: Bosse 1912

Silbernagl, Stefan/Despopoulos, Agamemnon: Taschenatlas der Physiologie. Stuttgart: Thieme 2012[8] (1979)

Storch, Maja et al. (Hrsg.): Embodiment. Die Wechselwirkung von Körper und Psyche verstehen und nutzen. Bern: Verlag Hans Huber 2010[2] (2006)

Stumm, Gerhard/Pritz, Alfred: Wörterbuch der Psychotherapie. Wien/New York: Springer 2009^{2} (2000)

Terell, Peter/Calderwood-Schnorr, Veronika et al.: PONS-Globalwörterbuch Deutsch-Englisch. Wien: Österreichischer Bundesverlag 1987 (1983)

Terell, Peter/Calderwood-Schnorr, Veronika et al.: PONS-Globalwörterbuch Englisch-Deutsch. Wien: Österreichischer Bundesverlag 1987 (1983)

Tervooren, Helga: Die rhythmisch-musikalische Erziehung im ersten Drittel unseres Jahrhunderts. Von der Jahrhundertwende bis zum Ausgang der Kestenberg-Reform unter besonderer Berücksichtigung von Kindergarten und Grundschule. Frankfurt am Main/Bern/New York/Paris: Lang 1987

Traunsteiner, Bärbel: Eine Sprache für alle! Leitfaden für geschlechter- und diversityfairen Sprachgebrauch an der FH Campus Wien. Mit Tipps für Vorträge, die englische Sprache und Bildgestaltung. Herausgegeben von Ulrike Alker, Ursula Weilenmann, Corina Exenberger. Schriftenreihe „Gender & Diversity Management", Band 4. Wien: FH Campus Wien 2015

Tretter, Felix/Grünhut Christine: Ist das Gehirn der Geist? Grundlagen der Neurophilosophie. Göttingen/Bern/Wien/Paris/Oxford/Prag/ Toronto Cambridge, MA/Amsterdam/Kopenhagen/Stockholm: Hogrefe 2010

Vaysse, Jean: Unterwegs zum Selbst. Begegnung mit der Lehre Gurdjieffs. Basel: Sphinx 1985 (1973)

Wundt, Wilhem: Grundzüge der physiologischen Psychologie. Leipzig: W. Engelmann 1874

Zink, Christoph (Leitung der Wörterbuchredaktion des Verlages): Pschyrembel. Klinisches Wörterbuch. Berlin/New York: Walter de Gruyter 1990^{256} (1894)

Internetquellen:

Humboldt, Wilhelm von: Ideen zu einem Versuch, die Grenzen der Wirksamkeit des Staats zu bestimmen. Breslau: Verlag von Eduard Trewendt 1851. In: Deutsches Textarchiv, http://www.deutschestextarchiv.de/humboldt_grenzen_1851 2007ff, 18.1.2016

Hüther, Gerald: Website von Gerald Hüther, http://www.gerald-huether.de 2015, 7.5.2016

Savchenko, Halyna/Rovner, Tatiana/Rizhov, Andrey (Hrsg.): Website des Gurdjieff-Clubs, http://gurdjieffclub.com/de 2011, 11.10.2015

The Gurdjieff Legacy Foundation (Hrsg.): Website der Gurdjieff Legacy Foundation, http://www.gurdjiefflegacy.org 1996ff, 14.10.2015

Weiterführende Literatur:

Schreiber, Jon: The Four Relationships and Other Essential Insights. Oakland: Breema Center Publishing 2013

Schreiber, Jon: Waking Up to This Moment. The Essential Meaning of Breema. Oakland: Breema Center Publishing 2011